유대인이 자녀들에게
들려주는 **이스라엘** 이야기

유대인이 자녀들에게 들려주는 이스라엘 이야기 3

초판 1쇄 인쇄 2018년 4월 23일
초판 1쇄 발행 2018년 4월 27일

번역   변순복
펴낸이   김정희

펴낸곳   하임(the 하임)
등록일   2017년 9월 14일
등록번호   816-91-00330
주소   서울시 마포구 성암로5길 12 101동 1301호
전화   02-307-1007
팩스   02-307-1009
이메일   chaim1007 @hanmail.net

디자인   참디자인

ISBN 979-11-962203-6-5 93230

* 책 값은 뒤표지에 있습니다.
* 잘못된 책은 교환하여 드립니다.

* 이 책은 김정주 전도사님의 후원으로 출간되었습니다.

하나님의 사람은 어떻게 살아야 하나요?

유대인이 자녀들에게 들려주는 이스라엘 이야기

❸

변순복 번역

유대인의 일반교육은 세계 여러 나라의 교육제도와 다른 점이 없다

유대교인으로서 어떻게 하나님을 알고, 하나님을 경외하며 하나님께서 허락하신 세계에서 자신의 삶을 누릴 수 있는가? 어떻게 하나님의 형상을 닮은 삶을 살 수 있는가? 유대교인인 내가 어떻게 사회를 변화시킬 수 있는가?를 가르치는 교육에 초점을 맞춘다. 유대인들은 아주 어릴 때부터 많은 이야기를 들려줌으로써 교육을 시작하는데, 그 중에서 이 책은 하나님의 사람 이스라엘은 어떤 사람인지를 가르치기 위하여 부모가 자녀들에게 들려주는 이스라엘 이야기를 모아 놓은 책이다.

CONTENTS
차례

이 책을 가르치는 선생님들께　　6

이 책을 공부하는 학생들에게　　10

이스라엘, 알레프와 베이트, 그리고 진리　12

유대인이 자녀들에게 가르치는 이야기
시리즈를 마치며　　15

제1장　아담　　19
제2장　에레쯔 이스라엘　　27
제3장　베이트 크네세트　　37
제4장　베이트 미드라쉬　　45
제5장　거밀루트 하사딤　　53
제6장　데레크 에레쯔　　63
제7장　지카론　　73
제8장　여루샬라임　　81
제9장　커보드 하브리요트　　89
제10장　커랄 이스라엘　　99

제11장	머디나트 이스라엘	**107**
제12장	민얀	**117**
제13장	알리야	**125**
제14장	암 하세이페르	**135**
제15장	피쿠아흐 네페쉬	**145**
제16장	쩌다카	**155**
제17장	찌요누트	**163**
제18장	라하마누트	**171**
제19장	샬롬	**181**
제20장	터푸쪼트	**191**

간단한 용어설명	**199**
히브리어 알파벳 표	**204**
참고도서	**206**

FOREWORD
이 책을 가르치는 선생님들께

이 책에서는 아담과 베이트 크네세트부터 찌요누트와 터푸조트까지, 알파벳 순서에 따라 '이스라엘'이라는 말이 얼마나 넓은 뜻을 가지고 있는지 가르쳐주고 있습니다. 유대교의 신학과 예배, 이 땅에 대한 사랑, 심지어는 세속적인 것으로 여겨지는 가치들의 주인이신 그분까지도 이 하나의 단어에 포함되어 있습니다. 어떤 학생들은 유대교를 기독교와 비슷한 것으로 생각할 지도 모릅니다. 시나고그는 교회와 비슷한 것으로, 랍비는 그저 성직자와 비슷한 것으로 생각할 수도 있습니다. 분명히 기독교의 그것과 비슷한 점은 있을 수 있겠으나, 선생님께서는 유대교의 보편성과 특수성을 고려하셔서 다른 종교와 차별되는, 유대교만의 특징들을 꼭 가르쳐주시기 바랍니다.

유대교의 거룩한 문화가 가지고 있는 보편성과 특수성은 다른 책들보다 나오미 페서호프 교수가 쓴 이 책의 첫 부분에 더욱 자세히 설명되어있습니다. 이 책에서 제일 먼저 다루는 단어는 '사람'을 가리키는 단어이며 인류의 조상인 아담입니다. 바로 유대인의 손으로 기록된 성경에 처음 등장하는 사람이 첫 번째 유대인이 아니고 아브라함도 아닌, 첫 번째 사람인 아담과 하와인 것과 마찬가지입니다. 유대교가 가진 보편성은 바로 창세기에서 비롯된 것입니다. 이스라엘의 하나님께서는 온 인류의 하나님이

십니다. 그러나 성경은 이스라엘과의 약속과 성취에 보다 초점을 맞추고 있으며, 동시에 이스라엘에게 찬양받으시는 하나님께서는 단순히 다른 나라와는 전혀 상관없는 그저 유대 민족의 하나님만은 아닙니다.

    문법적으로 살펴보면, 탈무드 시대의 랍비들은 하나님을 멜레크 하올람(מֶלֶךְ הָעוֹלָם), 즉 온 우주의 하나님이라고 부를 것을 주장하였습니다. 그러므로 '이 땅의 온 민족에게' 축복이 되리라 약속받았으며 '열국의 아버지'라 불린 아브라함은 소돔과 고모라에 남아있는 의인들을 두고 하나님과 논쟁을 벌이기까지 하였던 것입니다. 하나님께서는 의인과 악인을 공평하게 바라보시는, 온 땅의 심판자(שֹׁפֵט כָּל־הָאָרֶץ)이신 하나님이라고 말하며, 아브라함은 무고한 '비 유대인'을 지키기 위해 '유대인'으로써 하나님 앞에 나아간 것입니다.

    유대인 아브라함은 자신의 사명이 하나님이 사랑하는 피조물들의 존엄성(כְּבוֹד הַבְּרִיּוֹת)을 지키는 것임을 잘 알고 있었습니다. 소돔과 고모라 심판 직전 하나님과 아브라함이 나누었던 대화는 그저 부차적으로 취급될 만한 일이 아니었던 것입니다.

    위와 같은 의미에서 랍비들은 대속죄일(욤 키푸르)이라는 거룩한 날에 요나서 전권을 읽기로 하였던 것입니다. 랍비들은 '이방인의 구원을 예언하라는 하나님의 말씀에 불순종하는 요나를 예로 들어' 선지자들의 편협함에 경종을 울리고자 하였습니다. 요나는 하나님으로부터 받은 예언의 은사를 자기 민족인 유대인들에게만 사용하고자 하였습니다. 당연히 이는 옳은 일이 아니었습니다. 하나님께서는 유대인이 아닌 니느웨의 사람들도 돌보신다는 것을, 그러므로 자신도 니느웨 사람에게 하나님의 말씀을 전해야 한다는 것을 이미 알고 있었기 때문입니다.

어떤 유대교 사상가들은 유대교의 보편성에만 치중하다보면, 인도주의적인 관심이 커지는 나머지 정작 유대민족이 관심을 받지 못하리라 경고하며 위의 예시들을 자주 비판하기도 합니다. 이러한 비판은 어떤 면에서는 옳기도 합니다. 잘못된 보편주의는 유대교의 특수성을 무시하고 유대교에서 눈을 돌리게 만듭니다(조지 산타야나는 그 어떠한 특정 용어를 사용하지 않고 '보편적으로만' 말하는 사람들을 따라 '보편적으로' 인류를 사랑한다고 하는 유사 보편주의자들에 대해서 말한 적이 있습니다). 이러한 위험성을 피하기 위해, 랍비들은 유대교만의 특별한 특수성과 유대교의 보편성 사이의 균형을 이루려고 노력하였습니다.

유대교의 방식으로 이 무너진 세상을 회복하고 평화를 이루고자 하였던 것입니다. "유대인은 어려운 유대인뿐만 아니라 어려운 이방인을 함께 도와야 한다. 가족을 잃은 유대인 친구와 함께 울고 그를 위로하며 장례식에 함께 하는 것처럼, 이방인에게도 그리하여야 한다(T. Gittin). 랍비들은 토라에서 "너희 중에 있는 나그네를 사랑하라"는 구절이 18번 이상 나오는 것을 발견하였습니다. 동시에 초막절에 유대인들이 70마리의 수송아지를 제물로 드리는 것은 곧 전 세계 70개 나라를 위한 것에 주목하기도 하였습니다.

아담과 아브라함 모두 우리 유대교 전통의 일부입니다. 그러므로 유대인들은 두 가지 약속을 받은 것이라고 할 수 있습니다. 하나는 노아의 약속으로, 우리 유대인을 온 인류 속의 유대인으로 만드는 약속입니다. 창세기 8장의 말씀에 따라, 우리 유대인뿐만 아니라 온 인류가 동일한 책임을 가지고 있습니다. 아브라함의 약속은 우리에게 특별한 책임을 맡기고 있습니다. '이 땅의 온 민족의 복의 근원'이 되기 위하여 우리 유대민족이 기꺼이 선택 받았으며 그 책임을 떠맡았습니다(창 12:2-3).

랍비 아키바와 동시대의 인물인 랍비 벤 아자이(Ben Azzai)는 다음의 성경 구절에 유대교의 핵심이 담겨있다고 하였습니다.

> 아담의 역사는 이러하다. 하나님이 사람을 창조하실 때에, 하나님의 형상대로 사람을 만드셨다. 하나님은 그들을 남자와 여자로 창조하셨다. 그들을 창조하시던 날에, 하나님은 그들에게 복을 주시고, 그들의 이름을 '아담'(사람)이라고 하셨다(창 5:1-2).

바로 우리 '이스라엘'의 책이 담고 있는 폭넓은 정신, 인도주의적 정신이 바로 이것입니다.

랍비 해럴드 M 슐웨이스

FOREWORD
이 책을 공부하는 학생들에게

'이스라엘'이라는 단어는 여러분에게 많은 의미로 다가올 것입니다. 많은 사람들은 이 말을 그저 유대인들이 발을 딛고 사는 나라, 유대스러움이 당연시 되는 삶의 일부인 나라, 이스라엘이라는 나라를 지칭하기 위해 사용합니다. '이스라엘'이라는 말은 이스라엘의 영토를 뜻하기도 하며, 유대민족을 지칭할 때에 쓰이기도 합니다. 더 나아가 '이스라엘'이라는 말이 회당에서 사용될 때에는 서로에게 진 우리 유대인의 책임을 뜻하는 말입니다. 이 모든 의미를, 더 나아가 이스라엘이라는 하나의 단어가 담고 있는 수많은 의미를 이 책에서 공부하게 될 것입니다.

원래 '이스라엘'이라는 말은 '하나님과 싸우다'라는 뜻입니다. 우리의 조상 야곱이 밤새도록 하나님의 사람과 씨름하고, 그 시련에서 살아남은 유명한 성경 이야기에서 온 말입니다. '하나님과 싸우다'라는 말이 우리 민족의 이름이 된 것은 참으로 적절하지 않을 수 없습니다. 실제로 유대민족은 언제나 싸워왔기 때문입니다. 현대화를 위하여, 동시에 전통을 지키기 위하여 우리 민족은 끊임없이 싸워왔습니다. 적으로부터 우리를 지키기 위하여, 동시에 평화라는 우리의 이상을 지키기 위하여 싸워왔습니다. 우리보다 낮은 자를 돕기 위하여, 동시에 그들의 존엄성과 아름다움이라는 가치를 지키기 위하여 싸워왔습니다.

참 유대인이 되는 것이 얼마나 흥미진진한 모험인지, 여러분이 이 책을 읽으며 알게 되기를 바랍니다. 더 나아가 이 세계에서 이스라엘이 얼마나 중요한지를 발견하고 기쁨으로 이 책을 읽기를 바랍니다. 책을 읽는 동안, '이스라엘'의 의미는 여러분에게 매번 다르게 다가올 것입니다. 여러분에게 이스라엘은 어떤 의미인지를 발견하기 위해 여러분 역시 싸워야 합니다. 이 책을 읽는 학생 여러분이 이 싸움에 기쁨으로 나아가기를 바랍니다. 야곱과 같이, 여러분이 승리하리라 믿습니다.

랍비 윌리엄 커터

FOREWORD
이스라엘, 알레프와 베이트, 그리고 진리

유대교 교육을 처음 시작할 때 여러분이 배운 것은 무엇일까요? 바로 히브리어 알파벳의 시작인 알레프와 베이트입니다. 이스라엘 국가의 공용어이자 '이스라엘'이라 불리는 유대민족의 언어인 히브리어를 공부할 때 처음 시작하는 말이 바로 이 알레프와 베이트입니다.

이 책의 주제는 바로 '이스라엘', 민족으로서의 이스라엘과 동시에 한 나라로서의 이스라엘입니다. 차례를 보면 이스라엘에 대한 다양한 주제들이 히브리어 알파벳 순서대로 다루어질 것을 알 수 있을 것입니다. 이스라엘 땅, 유대인, 유대인과 다른 나라들과의 관계, 더 나아가 온 인류와의 관계에 대하여 배우게 될 것입니다.

히브리어 알파벳인 알레프와 베이트부터 쉰과 타브까지 그리고, 여기에 다섯 개의 어미형 문자들(카프, 멤, 눈, 페이, 짜디)까지 적어보면 히브리어에는 총 27개의 알파벳이 있다는 것을 알 수 있습니다. 앞뒤로 13개 알파벳을 두고 중간에 위치한 알파벳은 바로 멤(מ)입니다. 첫 번째, 중간, 마지막 알파벳인 알레프(א)와 멤(מ), 타브(ת)를 합치면 히브리어로 에메트(אמת), 즉 '진리'라는 뜻이 됩니다.

랍비들은 이 진리, 즉 에메트의 중요성을 강조하였습니다. "누구든지 진리(에메트)에서 벗어나는 사람은 진리의 하나님 대신 우상을 섬기는 사람과 같다." 더 나아가 랍비들은 유대인이 같은 유대인 이웃뿐만 아니라 비 유대인을 대할 때에도 진실 되어야 함을 강조하기도 하였습니다. 유대인들은 모든 사람들을 거짓 없이 진실 하게 대해야 합니다.

여러분이 공부하게 될 이 책의 처음 시작은 바로 '아담'(אָדָם)에 대한 이야기입니다. 아담은 첫 번째 사람의 이름일 뿐만 아니라 온 인류, 즉 '사람'을 뜻하는 말이기도 합니다. 하나님께서는 아담을 창조하실 때 천사들과 상의를 하셨습니다. '선함'과 '공의'라는 이름을 가진 두 천사는 하나님께서 아담을 창조하시는 데에 찬성하였습니다. 이 두 천사들은 인류가 쩌다카(Tzedakah)를 주는 선한 행실을 할 것을 알고 있었습니다. 하지만 반대로 '진리(אֶמֶת)'와 '평화(שָׁלוֹם)'라는 이름의 두 천사는 반대로 하나님께 아담을 창조하지 말 것을 조언하였습니다.

'진리'(에메트)가 먼저 말했습니다. "인간들은 거짓말을 할 것입니다."
'평화'(샬롬)가 이어 말했습니다. "인간들은 서로 다투고 싸울 것입니다."
그러자 하나님께서는 '선함'과 '공의'의 말을 들으시고 아담을 창조하셨으며, 동시에 '진리'와 '평화'를 이 땅에 내려 보내셨습니다.
다른 천사들은 하나님께서 하신 일에 충격을 받았습니다. 왜 하나님께서는 '진리'에게 땅으로 내려가는 모욕을 주시는가? 그러나 하나님께서 진리를 이 땅에 심으시려 천사 '진리'를 이 땅에 내려 보내신 것이었습니다. 진리의 씨앗이 싹이 나기 전까지는 그 누구도 진리가 어디에 있는지 모를 것입니다. 그러나 마침내 인류는 진리를 발견하고, 추수하여, 진리로 살아갈 것입니다.

랍비들은 유대인이 모든 사람들을 거짓 없이 진실하게 대해야 한다고 가르쳤습니다. 이에 따라 장사를 할 때에도 유대인들은 좋은 상품을 공정한 값에 팔아야 합니다.

이 책을 통하여 히브리어 알파벳 순서에 따라 이스라엘을 공부하며, 여러분은 유대인들이 진리를 이 땅에 넘치게 하려고 어떤 노력을 해왔는지 발견하게 될 것입니다. '에메트'는 히브리어 알파벳의 처음과 중간 그리고 끝입니다. 즉 진리는 유대인의 시작이요, 중심이며, 마지막인 것입니다.

FOREWORD
유대인이 자녀들에게 가르치는 이야기 시리즈를 마치며

　유대인들은 밥상머리나 침상 머리에서 이야기를 통하여 자녀들에게 하나님, 회당, 가정, 가족 그리고 친구와 남녀관계 등 다양한 것을 가르칩니다. 특별히 유대인 부모가 자녀들에게 가르치기 원하는 것은 자신의 아들 딸들이 하나님의 사람으로 세움을 받아 세상을 이기는 사람으로 세우는 것입니다. 이 목적을 이루기 위하여 가장 먼저 토라(성경)를 가르칩니다. 토라를 공부하면서 하나님의 증인 된 삶이 어떤 것인지, 하나님의 사람은 어떻게 살아야 하는지, 하나님을 어떻게 사랑하여야 하는지, 이웃을 어떻게 사랑하며 도와야 하는지를 배웁니다. 그리고 하나님은 세상을 어떻게 창조하셨으며, 어떻게 운행하시는지, 우리는 어떻게 기도하여야 하는지에 대하여 공부합니다. 이처럼 부모가 자녀들에게 '하나님'을 가르치는 이야기를 모아 제 1권을 엮었습니다.

　하나님을 믿어야 하는 것과 하나님을 믿는 사람은 어떻게 살아야 하는지에 대하여 이야기로 자녀들에게 가르친 유대인 부모는 이제 교과서를 선택하여야 합니다. 유대인들이 2세들에게 가르치는 가장 중요한 교과서는 토라입니다. 토라는 성문 토라(성경)와 구전 토라(미쉬나)로 구분합니다. 유대인 가정과 회당에서는 '하나님이 어떤 분이신지' 가르친 다음, 하나님을 가르치는 교과서인 토라를 가르치기에 우리는 성문토라와 구전토라를 구성하는 내용을 간략하게 모아 제 2권을 엮었습니다. 다시 말해서 제 2권은 토라를 구성하는 책들의 이름 또는 그것을 구체적으로 가르치는 내용을 가리키는 용어들을 모아 알파벳순으로 정리하여 '유대인들이 자녀들에게 들려주는 토라이야기'라 하였습니다. 이는 토라, 미드라쉬, 하프타라, 탈무드, 아가다 그리고 할라카등 성경과 관련된 문헌과 관습 그리고 전통이 가지는 의미와 그것들이 담고 있는 내용을 이야기로 풀어놓은 책입니다. 유대인들은 자녀들에게 토라 이야기를 들려주면서 하나님 말씀의 의미와 말씀을 따르는 삶을 가르치기 위하여 부단히 노력 합니다.

하나님을 가르쳐 하나님을 닮은 2세를 세우고 하나님을 가르치는 토라를 통하여 하나님의 말씀을 이루는 하나님의 사람으로 2세를 세우기를 원하는 유대인 가정과 회당은 진정한 이스라엘이 무엇인지 2세들에게 가르치기 원합니다. 유대인들이 2세들에게 가르치는 '이스라엘'이라는 용어는 다양한 의미를 가집니다. 그러나 유대인이 아닌 사람들은 '이스라엘'을 그저 유대인들이 발을 딛고 사는 나라, 유대인다움이 당연시 되는 사람들이 모여 사는 나라, 또는 세계지도에 나오는 나라이름 '이스라엘'을 가리키는 이름으로 사용합니다.

그러나 유대인들은 '이스라엘'을 '하나님과 싸우다'라는 뜻에서 온 말이라고 가르칩니다. 그들의 조상 야곱이 얍복강 나루에서 밤새도록 하나님의 사람과 씨름하고, 그 시련을 이겨내고 살아남은 유명한 토라 이야기에서 온 말이라며 자랑스럽게 2세들에게 가르칩니다.

'"하나님과 싸우다"라는 말이 그들 민족의 이름이 된 것은 매우 적절하다.'

세계 역사가 말하듯이 실제로 유대민족은 언제나 싸워왔기 때문입니다. 현대화를 위하여, 동시에 전통을 지키기 위하여 유대 민족은 끊임없이 싸워왔습니다. 적으로부터 자신을 지키기 위하여, 동시에 평화라는 자신들의 이상을 지키기 위하여 그들은 싸워왔습니다. 그들보다 못한 자들을 돕기 위하여, 동시에 그들의 존엄성과 아름다움이라는 가치를 지키기 위하여 그들은 싸워왔습니다.

그러므로 유대인에게 '이스라엘'이라는 말은 아주 특별한 말입니다. '이스라엘'이라는 말은 이스라엘의 영토를 뜻하기도 하며, 유대 민족을 지칭할 때에 쓰이기도 하지만, 더 나아가 '이스라엘'이라는 말이 회당에서 사용될 때에는 유대인들이 각자 서로에게 지고 있는 그들의 책임과 의무를 뜻하는 말이기도 합니다. 더 나아가 이스라엘이라는 하나의 단어가 담고 있는 수많은 의미를 자녀들에게 바르게 가르치기 위하여 이스라엘과 깊이 관련이 있는 용어 20개를 선별하여 엮은 책이 유대인이 자녀들에게 가르치는 이야기 시리즈 제 3권인 '유대인이 자녀들에게 가르치는 이스라엘 이야기'입니다.

유대인이 참 유대인이 되는 것이 유대인들에게 얼마나 의미 있는 일인지에 관하여 독자들은 이 한권의 책을 읽으므로 배우게 될 것입니다. 더 나아가 이 세계에서 이스라엘이 얼마나 중요한지 그리고 그들의 역할과 사역을 알게 될 것입니다. 그러므로 독자 여러분은 이 책을 읽는 동안 '이스라엘'이라는 의미가 여러분에게 매번 다르게 다가오는 것을 느낄 수 있을 것입니다. 여러분에게 이스라엘은 어떤 의미인지를 발견하기 위해 여러분 역시 싸워야 할지도 모릅니다. 이 책을 읽는 독자 여러분이 이 싸움에 기쁨으로 나아가 승리하기를 바랍니다. 야곱과 같이, 여러분이 승리하리라 믿습니다.

마지막으로 유대인이 자녀들에게 들려주는 이야기 시리즈 1, 2, 3권이 한글번역본으로 출판되기까지 도와주신 여러분께 지면을 빌려 감사드립니다. 책의 출판을 맡아 주신 도서출판 더하임 출판사 김정희 사장님과 이정화 이사님께 감사드리며, 히브리어를 꼼꼼하게 입력해 준 송은영 전도사님 그리고 반복해서 읽고 교정하고 수정하여 준 이좌신 목사님과 최지연 목사님, 김현진 전도사님, 황지현 선생님과 디자인과 편집을 맡아 수고해 주신 참 디자인 강인구 실장님과 직원 여러분께 감사드립니다.

그리고 항상 옆에서 격려하며 물심양면으로 지원해주는 탈무드에듀아카데미 상임이사 정현옥목사님과 뿌리와가지교회 정관창 목사님과 늘 곁에서 용기를 주며 격려와 기도로 힘을 실어 준 나의 사랑하는 아내 정숙과 아들 보안이, 며느리 래진과 언제나 나에게 웃음을 선사해 주는 손자 요셉에게 감사드립니다.

언제나 변함없이 내 곁에 계시는 하나님께 다시 한 번 감사드리며, 1권과 2권을 읽으시고 3권을 기다려 주신 독자 여러분이 하나님과 성경을 닮아 영적인 이스라엘로 나아가는 길에 조금 이나마 도움이 되었으면 하는 마음으로 이 책을 세상에 내 보냅니다. 감사합니다

변순복

제1장

ADAM

아담

'아담 '은 첫 번째 사람의 이름입니다. 모든 인류가 아담의 후손이기 때문에, 모든 사람은 '아담의 자손' 버네이 아담 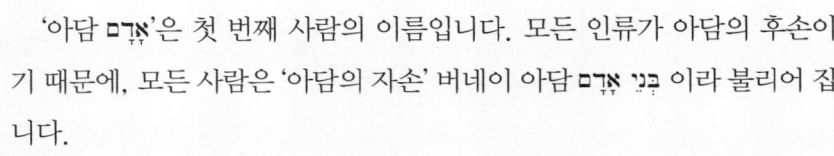 이라 불리어 집니다.

'아담'이라는 이름은 히브리어로 '흙'이라는 뜻을 가진 아다마(אֲדָמָה)라는 단어에서 유래하였습니다. 성경에 읽어보면 하나님께서는 하나님의 형상을 따라, 흙의 먼지로 '아담'을 지었다고 말씀합니다.

우리는 모두 아담의 자녀들입니다.

사람이 하나님을 닮아가는 방법 중 한 가지 방법은 바로 인간의 창의력을 발휘하는 것입니다.

많은 사람들은 말하기를 토라는 고대 히브리 민족의 역사를 다룬다고 말합니다. 그러나 성경을 주의 깊게 읽어보면 성경은 가장 먼저 온 인류에 대한 이야기로 시작합니다. 성경에 따르면 아담과 하와는 이 세상의 첫 번째 두 사람입니다. 이 성경 말씀을 문자 그대로 받아들이든 상징적으로 받아들이든, 전통 유대교의 가르침에서 아담을 가르치는 성경기사는 매우 중요한 부분을 차지하고 있습니다.

어느 유명한 랍비의 말에 따르면 세상에 존재하는 사람은 모두 두 개의 주머니를 가지고 있다고 합니다. 이 주머니는 메시지를 담는 주머니입니다. 한 쪽 주머니에는 '인간의 한계'를, 또 다른 주머니에는 '인간의 위대함'을 전하는 메시지가 담겨있습니다. 첫 번째 메시지는 이렇게 말합니다. "나는 먼지요, 흙이로다." 반면 다른 하나의 메시지는 이렇게 말하고 있습니다. "온 세상은 나를 위하여 창조되었구나!" 우리가 낙심하여 마음이 무너질 때, 이 메시지는 우리에게 희망을 줍니다.

본 장에서 우리는 하나님의 형상과 모양대로 창조된 인류는 특별한 가치와 존엄성을 가지고 있음을 배우게 될 것입니다. 더 나아가 하나님께서 인류의 조상으로 단 한 명의 사람을 창조하신 이유에 대해서도 공부하게 될 것입니다.

⭐ 우리가 배우게 될 새로운 교훈
1. 나 자신뿐만 아니라 다른 모든 사람들도 하나님의 형상으로 지음 받았음을 알고 모두 하나님의 형상으로 대해야 한다.
2. 온 인류가 한 명의 조상으로부터 나왔으므로, 모든 사람은 동등한 가치를 지닌다.

모든 인간은 하나님의 형상으로 창조되었다

토라(성경)는 하나님께서 아담을 하나님 형상대로 창조하셨다고 가르칩니다. 그러나 지금 현대 유대인들은 하나님께서 실제로 몸을 가지고 계시다고는 믿지 않습니다. 그렇다면 사람이 하나님의 형상대로 창조되었다는 말은 무슨 뜻일까요? 바로 우리가 조금은 하나님과 같은 능력을 하나님으로부터 받았다는 뜻입니다. 오직 사람만이 하나님을 알 수 있고, 이 땅에서 경건함을 실천할 수 있습니다. 모든 인간이 하나님의 형상대로 창조 받았으므로, 사람은 다른 사람들뿐만 아니라 자기 스스로도 존중하여야 합니다. 다음에 소개하는 두 편의 이야기를 읽고 아래 질문에 답해 보세요.

(a) 랍비 엘아자르 벤 시므온은 어떻게 서로서로를 대할 때 상대방을 하나님의 형상으로 대하라고 가르쳤나요?

(b) 힐렐은 어떻게 학생들에게 자기 스스로를 하나님의 형상으로 대하라고 가르쳤나요?

서로서로를 대할 때 네가 대하는 모든 사람을 하나님의 형상으로 대하라

랍비 엘아자르 벤 시므온은 자기가 배운 위대한 가르침에 자부심을 느낀 나머지 다른 사람들을 조금씩 깔보기 시작하였습니다. 어느 날, 당나귀를 타고 길거리를 지나가던 중 엘아자르는 어떤 한 남자를 만나게 되었습니다. 그는 신체장애로 인해 몸이 비틀리고 얼굴이 망가진 채로 자기 앞에 나귀를 타고 있는 랍비를 알아보고 그에게 인사하였습니다.

"위대한 랍비 엘아자르 벤 시므온을 만나다니, 영광입니다. 항상 건강하시기를 바랍니다."

들어보았나요

랍비 아키바는 힐렐과 같은 교훈을 가르쳤습니다. 그러나 그 방법은 달랐습니다. 아키바가 로마의 법을 어기고 토라를 가르친다는 이유로 로마 사람들은 그를 감옥에 가두었습니다. 감옥에 있는 동안 로마 사람들은 아키바에게 그저 살아있기만 할 수 있을 정도로 약간의 물만을 줄 뿐이었습니다. 그러나 아키바는 이 물을 마시지 않고 그 물을 가지고 자기 몸을 씻었습니다. 다른 위대한 랍비들과 같이, 아키바는 "우리를 창조하신 분을 경외하기 위해 얼굴과 손과 발을 매일 씻어야 한다"고 믿었기 때문입니다.

그러나 엘아자르는 그의 인사에 대답하지 않았습니다. 대답 대신 그에게 이렇게 물었습니다.

"당신네 마을 사람들은 모두 당신처럼 못생겼는가?"

그러자 그 남자가 대답했습니다.

"제 몰골이 이렇게 생겼다고 불평하시려면, 저를 창조하신 분께 불평하십시오."

엘아자르는 그 말을 듣자마자 자기가 단순히 이 남자를 모욕한 것이 아니라, 이 남자를 창조하신 하나님을 함께 모욕했음을 깨닫고 정신이 번쩍 들었습니다. 이 위대한 랍비는 당나귀에서 내려 자기가 모욕한 그 남자 앞에 고개를 숙이고 용서를 구했습니다.

"당신이 나와 같이 하나님의 형상으로 창조되었음을 배우지 못했다면,

왕의 형상대로 만든 동상과 같이, 우리는 하나님의 형상대로 만들어 졌습니다.

제가 배운 모든 것들이 다 쓸모없는 것 아니겠습니까?"

여러분은 여러분 자신을 하나님의 형상으로 대하십시오

어느 날, 위대한 랍비 힐렐은 제자들과 수업을 하던 중 갑자기 수업을 중단하고 제자들을 교실에 남겨둔 채 말없이 강당을 나섰습니다. 강당의 문을 나서는 랍비 힐렐에게 제자들이 물었습니다.

"선생님, 어디로 가십니까?"

그러자 힐렐은 대답하였습니다.

"하나님의 계명(말씀)을 지키러 간다."

힐렐이 제자들을 내버려두고 간 곳은 다름 아닌 학교 옆에 위치한 목욕탕이었습니다. 이 모습을 본 제자들은 놀라서 힐렐에게 물었습니다.

"목욕하는 것이 어떻게 하나님의 계명입니까?"

그러자 힐렐은 근처에 세워져 있는 동상을 보고 제자들에게 질문하였습니다.

"저 동상은 왜 항상 깨끗한가?"

제자들이 대답하였습니다.

"저 동상이 왕의 모습을 하고 있기 때문입니다. 왕에게 결례를 보이지 않기 위해 사람들은 저 동상을 매일 닦습니다."

그러자 힐렐이 제자들에게 이렇게 말하였습니다.

"우리는 왕 중의 왕이신 하나님의 형상으로 창조된 사람들이다. 우리 몸을 저 동상보다도 더 깨끗이 하지 않는다면, 하나님께 얼마나 큰 결례를 범하는 것이겠는가? 그러므로 우리는 우리의 몸을 씻는다. 그것이 곧 하나님의 계명, 미츠바를 지키는 것이다."

❶ 한 번 더 생각해 봅시다

1. 랍비 엘아자르 벤 시므온의 이야기와 랍비 힐렐의 이야기의 공통된 믿음은 무엇입니까?

2. 우리가 앞에서 읽은 두 주머니 이야기를 기억해보세요. 랍비 엘아자르가 남자를 모욕하기 전에 읽어야 했던 주머니 속 메시지는 무엇일까요? 힐렐의 제자들이 '씻는 것이 계명을 지키는 것이다'라는 힐렐의 말을 이해하는 데에 도움이 될 수 있는 주머니 속 메시지는 무엇일까요?

아담: 그는 우리 모두의 조상

성경은 하나님께서 세상을 창조하실 때 다양한 동물들과 식물들도 창조하셨다고 성경은 가르칩니다. 그러나 사람을 만드실 때에는 단 한 명, 즉 아담 한 명만을 창조하였다고 성경은 가르칩니다. 이제 다음 이야기를 읽고 아래 질문에 스스로 답을 해보세요.

모든 인류가 한 명의 조상에서 나왔다는 사실은 우리에게 무엇을 가르쳐주나요?

모든 사람들 한 사람 한 사람은 위대하고 평등하다

랍비들은 다양한 방법으로 하나님께서 온 인류를 단 한 사람으로 시작하신 이유를 설명해왔습니다. 첫 번째 이유는 우리가 모두 아담과 같다는 것입니다. 즉 우리 모두는 하나님께서 우리를 위해 창조하신 세상을 다스릴 만한 가치가 있는 존재라는 뜻입니다. 두 번째 이유는 온 세상의 모든 사람들이 똑같이 중요한 사람이라는 것입니다. 그러므로 한 명의 목숨을 해하는 것은 곧 온 인류를 파괴하는 것으로 생각할 수 있습니다. 마찬가지로 한 명의 목숨을 살리는 것은 곧 온 인류를 살리는 것과 같다고 생각할 수 있습니다. 세 번째 이유는 하나님께서 아담 한 명이 아닌, 여러 명의 사람을 창조하셨을 때 어떤 일이 일어날지 상상해보는 것입니다. 아마 사람들은 "우리 조상이 너희 조상보다 더 뛰어나다"며 상대방을 깎아내리거나 자기를 높일 것입니다. 그러나 모든 사람이 단 한 명의 조상, 아담으로부터 나왔기 때문에 그 어떤 사람도 다른 사람보다 자기가 더 낫다고 주장하지 못합니다.

⚠ 한 번 더 생각해 봅시다

1. 하나님께서 단 한 명의 사람만을 창조하신 이유를 세 가지 방법으로 설명해보세요.
2. 세 가지 설명 중 어떤 것이 여러분의 마음에 제일 감동이 되었나요? 여러분이 선택한 설명이 제일 마음에 드는 이유를 적어 보세요.

들어보았나요

'랍비들'이라는 말은 우리가 읽는 미쉬나, 미드라쉬, 탈무드와 같은 옛 고전에 나오는 유대교 학자들을 가리키는 말입니다. 이 책에서 쓰는 '랍비'라는 말은 특별한 학자들의 이름 앞에 붙인 것입니다. 아키바와 타르폰과 같은 몇몇 랍비들은 아주 먼 옛날에 살았던 사람들입니다. 반면 베르디체프의 레위 이삭(Levi Yitzhak of Berditchev)이나 싸쏘프의 레이브 모세(Moshe Leib of Sassov)와 같은 랍비들은 근·현대에 유럽에 살았던 랍비들입니다. 또 어떤 랍비들은 지금까지도 이스라엘뿐만 아니라 해외의 유대인 공동체를 이끌고 있습니다. 하지만 이 책에서 '랍비들'이라는 말은 먼 옛날에 살았던 랍비들을 뜻합니다.

제2장

אֶרֶץ יִשְׂרָאֵל

Eretz Yisrael

에레쯔 이스라엘

'에레쯔 이스라엘 אֶרֶץ יִשְׂרָאֵל'은 이스라엘의 땅을 가리키는 말입니다. 유대인들은 3천 년이 넘도록 바로 이 '에레쯔 이스라엘'에서 살아왔습니다. 어디에 살든지, 어디로 가든지 유대인들은 언제나 '에레쯔 이스라엘'을 고향이라고 생각하고 그 땅을 사모합니다.

바위투성이의 풍경과 풍성한 전통이 살아 숨 쉬는 곳, '에레쯔 이스라엘'은 유대인들의 마음속 깊이 자리 잡은 특별한 장소입니다.

예후다 하레비(Yehuudah HaLevi)는 예루살렘으로 들어가는 데에 너무나 큰 기쁨을 느낀 나머지 자신의 목숨이 위험하다는 것도 알아채지 못했습니다.

유대의 전 역사를 통틀어, '에레쯔 이스라엘 אֶרֶץ יִשְׂרָאֵל'은 언제나 특별한 장소이었습니다. 그 땅을 밟았던 유대인들과 그 땅을 그저 상상 속으로만 바라보았던 유대인들 모두에게 말입니다. 본 장에서는 유대인들이 '에레쯔 이스라엘'을 얼마나 특별하게 생각했으며 지금도 특별하게 생각하는지에 대해 배울 것입니다. 또한 에레쯔 이스라엘에 대한 사랑을 표현한 유대인들의 시를 읽게 될 것입니다. 수많은 유대인들이 그 땅을 밟지 못했음에도 이 시들을 통해 그 땅에 대한 사랑을 함께 나누었습니다.

★ 우리가 배우게 될 새로운 교훈

1. 유대인들은 언제나 '에레쯔 이스라엘 אֶרֶץ יִשְׂרָאֵל'을 특별히 사랑해왔습니다.
2. 예후다 하레비의 '에레쯔 이스라엘 אֶרֶץ יִשְׂרָאֵל'에 대한 뜨거운 사랑은 그의 시에 잘 표현되어있습니다.

하나님, 에레쯔 이스라엘, 그리고 유대인

옛 전설에 따르면 하나님께서는 모세에게 이렇게 말씀하셨다고 합니다.

"에레쯔 이스라엘, 이스라엘 땅이 나를 기쁘게 하는구나.
이스라엘 사람들이 나를 기쁘게 하는구나.
나를 기쁘게 하는 내 백성들을, 나를 기쁘게 하는 그 땅으로 인도할 것이다."

하나님과 에레쯔 이스라엘, 그리고 이스라엘 사람들 사이의 관계에 대해 다음에 나오는 이야기를 읽고 다음 질문에 스스로 대답해보세요.

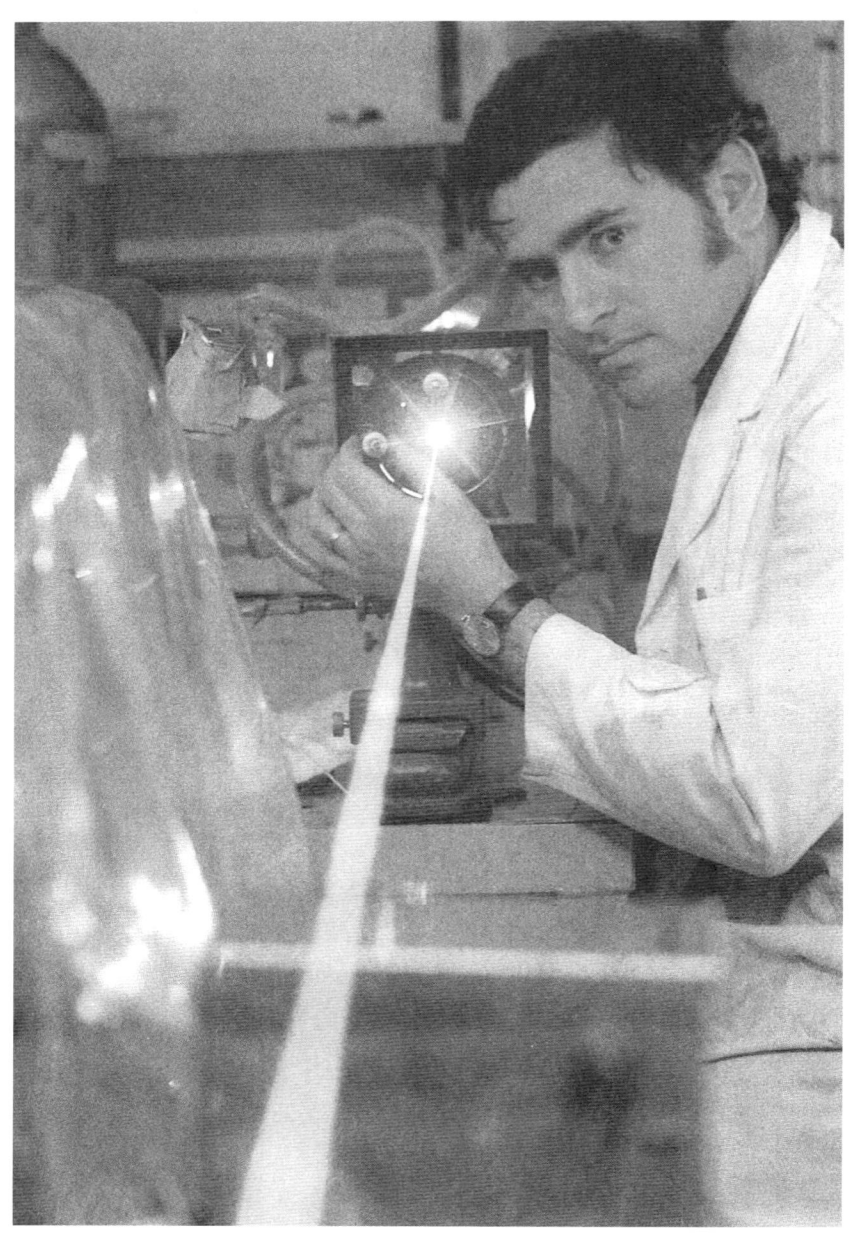

오늘날 에레쯔 이스라엘의 과학자들은 발전된 기술을 사용하여 하나님의 창조의 놀라움과 창조의 신비를 더 많이 발견하고 있습니다.

성경에 나오는 창조 이야기는 어떻게 '에레쯔 이스라엘'이 유대인의 땅이라는 것을 증거하고 있나요?

창조 이야기와 에레쯔 이스라엘

몇몇 유대인들은 에레쯔 이스라엘이 유대인의 땅이라는 것을 주장하기 위하여 창조 이야기를 근거로 설명하기도 합니다. 한 랍비는 이렇게 말하였습니다.

"토라는 왜 창조 이야기로 시작하는가?
왜 하나님께서 명령하신 계명으로 시작하지 않는가?"

토라는 이렇게 답을 적어 놓았습니다. 토라는 에레쯔 이스라엘, 즉 이스라엘 땅이 유대인들의 땅이라는 것을 증거 하기 위해 창조 이야기로 시작하였다. 토라의 설명에 따르면, 토라는 다른 나라들에게 이렇게 말했다고 합니다.

너희들이 유대인들의 에레쯔 이스라엘을 차지할 권리는 없다.
왜냐하면 너희는 도둑의 나라이기 때문이다. 너희가 자기 땅이라 우기는 이
땅은 너희가 차지하기 이전부터 살아온 일곱 나라들로부터 너희가 빼앗은 땅
이다.

하지만 토라는 하나님께서 어떻게 세상을 창조하셨는지 말하고 있기 때문에, 유대인들은 그들에게 이렇게 말할 수 있습니다.

온 세상이 하나님의 것이다. 하나님께서 창조하셨고, 하나님께서 마음대로 하실 수 있는 것이다. 처음에는 하나님께서 그분의 뜻대로 이 땅을 일곱 나라들

이 사진을 자세히 보면, 유대 사막의 넘실거리는 언덕들 위로 보이는 예루살렘의 지평선을 볼 수 있습니다.

이런 이야기를 들어보았나요

유대 역사가들은 기독교 역사가들이 B.C.(Before Christ, 예수의 탄생 이전)라 부르는 기준을 B.C.E.(Before the Common Era, 일반 시대 이전)라 부릅니다. 마찬가지로 라틴어 Anno Domini(주님의 시대)의 약자인 A.D. 대신 Common Era(일반 시대)의 약자인 C.E.를 사용합니다. 이러한 방식으로 유대인들은 예수를 '메시아'라는 뜻을 가진 헬라어 '그리스도'로 믿는 기독교 신앙을 받아들이지 않고 유대 민족 고유의 달력을 만들었습니다.

에게 주셨을지는 몰라도, 이제는 그들에게서 이 땅을 빼앗아 그분의 뜻대로 우리에게 주신 것이다.

어떤 사람들은 다른 방식으로 이 문제를 바라보기도 합니다. 즉 역사적으로 에레쯔 이스라엘에 먼저 살았던 민족은 유대인이기 때문에 이제 유대인들이 에레쯔 이스라엘을 차지할 권리를 주장한다는 것입니다. 유대인들에게 에레쯔 이스라엘은 민족의 정체성과도 연결되어 있습니다. 다른 모든 민족들이 자기 고향에 특별한 애정을 쏟는 것과 똑같은 것입니다. 역사를 통틀어 유대인들은 여러 가지 방식으로 에레쯔 이스라엘에 대한 갈망을 설명하여 왔습니다. 예를 들어, 유대인들은 에레쯔 이스라엘을 떠난 이래로 어디에서나 압제와 탄압을 받아왔습니다. 몇몇 사람들은 오직 유대인들의 고향, 에레쯔 이스라엘만이 유대인들이 평안을 누릴 안전한 땅이라고 느끼게 되었습니다.

생각해 봅시다

1. 여러분은 스스로 유대인들이 에레쯔 이스라엘을 향한 특별한 애정을 세 가지 방식으로 설명해보세요.
2. 아래 세 가지 설명의 공통점과 차이점은 무엇인가요? 그리고 여러분이 설명한 것과 차이점은 무엇인지 비교하여 보세요.
3. 아래 세 가지 설명 중 여러분이 가장 공감하는 설명은 무엇인가요? 왜 그 설명에 가장 공감이 가는지 스스로 적어보세요.

예후다 하레비와 에레쯔 이스라엘에 대한 사랑

수 세기 동안, 에레쯔 이스라엘 땅을 밟지 못한 수많은 유대인들은 그 땅에 대한 뜨거운 사랑을 다양한 방법으로 표현해왔습니다. 예후다 하레비는 이토록 많은 유대인들이 차마 그 사랑을 표현하지 못한 열망을 이해한 위대한 시인이었습니다. 예후다 하레비가 보여준 에레쯔 이스라엘에 대한 특별한 사랑을 아래 글에서 읽어보고, 다음 질문에 스스로 대답해보세요.

예후다 하레비가 에레쯔 이스라엘에 대한 사랑을 보여준 두 가지 방식은 무엇인가요?

예후다 하레비의 마지막 여행

예후다 하레비는 1075년 스페인에서 태어났습니다. 위대한 시인이기 이전에 그는 뛰어난 의사이면서 동시에 철학자이기도 하였습니다. 그가 쓴 글과 이룬 업적들로 인해 예후다 하레비는 당대의 유명한 사람이 되었습니다. 그러나 그는 자기가 이룬 업적에 만족하지 못하였습니다. 그에게 가장 중요한 것은 바로 에레쯔 이스라엘에 대한 사랑이었습니다. 예후다 하레비의 시는 그가 에레쯔 이스라엘을 얼마나 깊이 동경하였는지 보여

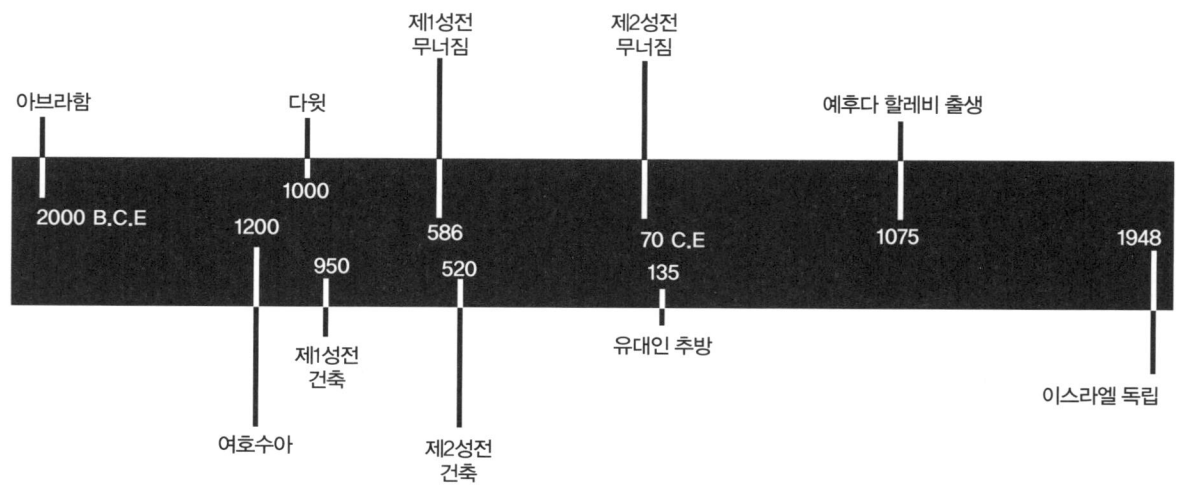

주고 있습니다.

수년이 지난 후, 예후다 하레비는 위험천만한 여행을 떠나기로 결심했습니다. 그 여행이란, 배를 타고 이집트로 갔다가 육로로 에레쯔 이스라엘에 도착하는 것이었습니다. 파도를 거슬러 이집트에 도착한 그는 새 힘을 얻었습니다. 마침내 하나님께서 이스라엘 백성들에게 수많은 기적을 행하신 곳에 도착하게 되었기 때문입니다. 그러나 이 위대한 시인은 아직 자기 목적이 달성되지 못했다고 생각했습니다.

전설에 따르면, 예후다 하레비는 마침내 예루살렘에 들어가 성경의 시편 가운데 다음 구절을 묵상하였다고 합니다.

"주님의 종들은 시온의 돌들만 보아도 즐겁습니다."(시 102:14)

이 구절을 묵상한 예후다 하레비는 신발을 벗고 예루살렘의 땅, 그 돌들을 직접 발로 디뎠다고 합니다. 그다음 그는 에레쯔 이스라엘에 대해 쓴 자신의 시, 그 중에서도 가장 유명한 시구를 읊었습니다.

"당신의 땅에 내 얼굴을 부비며 당신의 돌들을, 먼지들을 사랑하리라."

예후다 하레비가 이렇게 시를 읊는 동안, 그의 뒤에서 말을 탄 한 남자가 가만히 그를 지켜보고 있었습니다. 말을 탄 그 남자는 하레비의 행동을 보고 분노했습니다. 감히 외국인이 남의 땅에 와서 자기 땅이라고 시를 읊고 맨발로 거룩한 땅을 밟다니! 그 남자는 말이 말발굽으로 예후다 하레비를 밟아 죽이도록 하였습니다. 에레쯔 이스라엘에서 살고 싶어 했던 예후다 하레비의 간절한 소망은 그렇게 그의 목숨과 함께 끊어지고 말았습니다. 그러나 그의 시는 죽지 않고, 수 세기를 걸쳐 지금까지 유대인의 가슴에 남아 에레쯔 이스라엘에 대한 유대인들의 사랑을 표현하고 있습니다.

❗ 한 번 더 생각해 봅시다

1. 예후다 하레비가 에레쯔 이스라엘에 도착하기 전 들렀던 나라는 어디인가요?
2. 시인 하레비가 이집트에 도착하자 새 힘을 얻은 이유는 무엇인가요?
3. 여러분이 목표를 거의 다 이루었지만, 막바지에 이르러 실패한 경험을 떠올려보고, 서로 나누어보세요. 어떤 느낌이 들었나요?

제3장

בֵּית כְּנֶסֶת

Bet Knesset

베이트 크네세트

히브리어로 베이트 크네세트는 그리스어 '시나고그'와 거의 비슷한 뜻입니다. 베이트 크네세트와 시나고그 모두 '만남의 장소'를 뜻하기 때문입니다. 베이트 크네세트는 유대교의 종교적 삶의 중심이었던 고대 성막과 성전을 대체한 건물을 가리키기도 합니다.

베이트 크네세트는 유대인들이 기도를 하기 위해 함께 모이는 장소입니다.

고대 이스라엘에서 사람들은 하나님께 희생 제사를 드리기 위해 성전으로 동물들을 가지고 왔습니다. 희생 제사는 제사장들이 집례 하였는데, 이들은 제사장의 혈통을 이어받은 제사장 가문의 사람들이었습니다.

어느 랍비는 유대인과 베이트 크네세트와의 관계를 나무와 가지에 비유하였다고 합니다. 나뭇가지가 나무에 붙어있는 한, 아무리 얇고 약한 가지일지라도 단단하게 성장할 수 있는 기회가 있습니다. 그러나 가지가 부러져 나무에서 떨어져 버리면, 그 가지는 다시는 자랄 수 없습니다.

본 장에서 여러분은 베이트 크네세트가 유대인의 삶에, 언제, 왜 중요한 장소가 되었는지 배우게 될 것입니다. 또한 몇 가지 전설들을 통해 베이트 크네세트가 어떻게 '작은 성전'으로 불리게 되었는지도 함께 공부할 것입니다.

⭐ 우리가 배우게 될 새로운 교훈

1. 첫 번째 성전이 파괴된 이후 베이트 크네세트는 유대인들의 삶에 매우 중요한 부분이 되었습니다.
2. 베이트 크네세트는 '작은 성전'과 같습니다.

베이트 크네세트는 어떻게 그렇게 중요하게 되었나요

여러분은 이런 일을 경험한 적이 있나요? 처음에는 말로 설명하기 힘들 정도로 끔찍한 일이었지만, 나중에 결과는 매우 좋았던 적이 있나요? 우리는 이러한 상황을 전화위복이라고 부릅니다. 이 전화위복은 유대 역사에서 여러 번 일어났습니다. 베이트 크네세트가 어떻게 유대인의 삶에서 이토록 중요한 위치를 차지하게 되었는지 배운 후, 다음 질문에 대답해 보세요.

베이트 크네세트은 어떤 재난으로 인해 매우 중요한 곳이 되었을까요?

바빌로니아와 베이트 크네세트

고대 히브리 사람들은 동물들을 희생제사로 드림으로써 하나님을 예배하였습니다. 다윗 왕이 준비하고 솔로몬 왕이 성전을 건축한 이후, 사람들은 동물들을 솔로몬이 지은 예루살렘 성전으로 가져와 제사로 드려야만 했습니다. 그러던 중 B.C.E. 586년, 유대인의 삶은 완전히 변해버렸습니다. 바빌론 군사들이 예루살렘 성전을 파괴하고 대부분의 유대인들을 포로로 끌고 가 버린 것입니다.

베이트 크네세트는 바빌로니아에서 포로로 생활하던 유대인들이 기도 모임과 성경공부 모임을 가지면서 성장하였습니다.

이 사건들은 유대인들이 상상조차 할 수 없는 최악의 사건이었습니다.

성전이 없이는 희생 제사를 드릴 수 없기 때문이었습니다. 머나먼 이국 땅 바빌로니아에서, 그들은 어떻게 유대인으로 살아 남아있을 수 있었을까요?

포로로 잡혀간 유대인들은 성전 없이 어떻게 하나님께 예배할 수 있을까? 이 문제를 해결하기 위해 유대인들은 안식일이 되면 서로 모이기 시작했습니다. 안식일은 오직 유대인들만 지키는 안식의 날, 즉 쉬는 날이었습니다. 그 날, 그들은 함께 모여 토라를 공부하며 하나님 앞에 그들이 지은 죄를 기억하고, 유대인들은 하나님께 그들이 고향 땅 에레쯔 이스라엘에 돌아갈 만한 자격이 있음을 보여드리려고 노력하였습니다. 회개하지 않으면 재앙이 닥치리라 외친 선지자들의 글을 함께 읽었습니다. 일례로, 선지자 이사야는 하나님께서 더 이상 악한 사람들이 드리는 희생 제사를 기뻐하시지 않으실 것이며, 하나님께서는 유대인들이 그들의 이웃을 의롭고 선하게 대하는 법을 배우기를 바라신다고 선포하였습니다.

바빌로니아에 살던 유대인들이 한 장소에 모이면서 자연스럽게 '베이트 크네세트'의 중요성이 부각되었습니다. 처음에 유대인들은 야외에서 모임을 가지기 시작하였습니다. 그러는 가운데 어느 한 사람이 자기 집을 모이는 장소로 내어놓게 되었습니다. 그 때부터 그 집이 '모이는 집'이라는 이름을 가지게 되었습니다. 오늘날 우리는 시나고그를 크고 아름다운 건물이라고 생각합니다. 그러나 베이트 크네세트에서 진정으로 중요한 것은 건물이 아니라, 그 안에 모이는 사람들입니다.

첫 번째 성전이 파괴된 지 약 50년이 지나고, 바빌로니안 사람들은 페르시아의 사이러스(고레스) 대왕에게 정복당하고 말았습니다. 사이러스 2세는 유대인들이 다시 에레쯔 이스라엘, 고향 땅으로 돌아갈 수 있도록 허락해주었습니다. 고향 땅으로 돌아간 유대인들은 곧 두 번째 성전을 건설하고, 그 곳에서 희생 제사를 다시 드리기 시작하였습니다. 그럼에도 불구하고 여러 지역에 이미 존재하고 있었던 베이트 크네세트는 사라지지 않았고, 유대인들은 계속해서 그곳에 모여 기도하였습니다.

성전에서 드리는 예배와 제사는 제사장에게 의존하였습니다. 이 제사장들은 제사장의 일을 맡기 위해 태어난, 다시 말해 제사장으로 태어난 사람들이었습니다. 그러나 베이트 크네세트에서는 모든 유대인들이 다른 유대인들과 마찬가지로 중요한 사람들입니다. 한 명 한 명이 하나님의 말씀을 배웠고, 충분히 많은 배움을 쌓은 사람은 누구나 예배를 인도할 수 있었습니다. 그러는 가운데 유대인들은 또 다시 비극을 경험하게 되었습니다. C.E. 70년, 두 번째 성전도 로마인들에 의해 파괴되었습니다.

유대인들은 무너진 성전을 바라보며 슬피 울었습니다. 그러나 그 눈물도 가리지 못하는 한 가지 사실을 그들은 모두 알고 있었습니다. 그 누가 지배하든, 그 어디로 끌려가든, 베이트 크네세트에서 하나님께 예배를 드릴 수 있다는 것을 말입니다.

여러분은 이런 이야기를 들어보았나요

이스라엘 국가의 의회를 크네세트 כְּנֶסֶת라고 합니다. 이와 같이 현대 히브리어에는 '모임'을 뜻하는 의미를 가진 단어들이 많이 있습니다. 그 중 두 개를 꼽자면 '의회'를 뜻하는 '케네스 כְּנֶס'와 '회의'를 뜻하는 '키누스 כִּנּוּס' 입니다. '교회'를 뜻하는 '크네시야 כְּנֵסִיָּה'도 같은 단어에서 나온 말입니다.

🟠 생각해 봅시다
1. 첫 번째 성전의 파괴로 인해 일어난 좋은 일을 하나 말해보세요.
2. 여러분이 살면서 겪은, 처음에는 안 좋은 일이었지만 나중에는 좋은 일이 된 사례를 한 가지 말해보세요.

모든 베이트 크네세트는 작은 성전입니다

수많은 유대인들은 지금까지도 '성전'이라는 말이 고대에 있었던 두 성전만을 뜻하는 말이라고 생각합니다. 그러나 사실 모든 '베이트 크네세트 בֵּית כְּנֶסֶת'를 작은 성전이라고 불러야 합니다. 베이트 크네세트는 왜 작은 성전이라고 불리는지에 대해 다음 이야기를 읽고, 아래 질문에 스스로 대답해보세요.

아래 세 가지 전설들은 비슷한 내용을 담고 있습니다. 여러분은 베이트 크네세트가 작은 성전으로 불리는 이유를 어떤 내용에서 찾을 수 있나요?

성전의 돌과 베이트 크네세트
첫 번째 전설은 모든 베이트 크네세트와 관련된 이야기입니다. 성전이 파괴될 때, 하나님께서는 파괴된 성전의 돌들을 모아 전 세계로 흩뿌리셨습니다. 하나님께서 뿌리신 돌이 떨어진 곳마다 베이트 크네세트가 세워졌습니다. 모든 베이트 크네세트는 성전의 일부로 만들어진 것이기 때문에 모두 작은 성전이라는 것입니다.

두 번째 전설과 세 번째 전설은 체코슬로바키아 프라하에 위치한 오래된 베이트 크네세트에 대한 이야기입니다. 이 곳의 베이트 크네세트의 주춧돌은 성전에서 가져온 것이라고 합니다. 어떻게 성전의 돌들을 저 멀리 프라하까지 가져올 수 있었을까요?

두 번째 전설에 따르면, 성전이 파괴된 후 천사들이 성전의 돌들을 날개에 지고 이 먼 곳까지 운반해 왔다고 합니다. 천사들은 프라하에 이르러 지고 온 돌들을 떨어뜨렸고, 그 곳에는 새로운 성전이 세워졌습니다.

세 번째 전설은 조금 다릅니다. 이 전설에 의하면 성전이 파괴된 후 에레쯔 이스라엘을 떠난 유대인들이 파괴된 성전의 돌을 지고 왔다고 합니다. 무거운 돌들을 지고 오면서, 그들은 예후다 하레비가 맨 발로 예루살렘의 돌을 밟으며 기억한 시편의 구절 "주님의 종들은 시온의 돌들만 보아도 즐겁습니다."(시 102:14)는 시귀를 마음에 새겼습니다. 돌을 지고 온 유대인들은 프라하에 도착하여, 이 돌들로 새로 지을 베이트 크네세트의 주춧돌을 삼았습니다.

오늘날 거의 대부분의 베이트 크네세트에는 실제로 성전의 돌이 사용되지 않았음을 우리는 잘 알고 있습니다. 하지만 베이트 크네세트는 모두 성전을 본떠 만든 것입니다. 예를 들어, 법궤는 베이트 크네세트의 가장 안쪽 끝에 위치하여 있는데 이는 지성소가 성전의 가장 안쪽에 위치한 것을 본떠 자리 잡은 것입니다. 또한 모든 베이트 크네세트는 법궤가 그 옛날 성전이 있었던 예루살렘을 향하도록 지어져 있습니다. 아마 여러분이 다니는 베이트 크네세트에도 그 이름에는 '성전'이라는 단어가 들어있을 것입니다.

한 번 더 생각해 봅시다

1. 베이트 크네세트는 왜 작은 성전이라고 불리나요?
2. 여러분이 베이트 크네세트를 작은 성전이라고 생각한다는 것을 다른 친구들에게 가르쳐주기 위해, 여러분은 어떤 일이나 이야기를 할 수 있을까요?

여러분은 이런 이야기를 들어보았나요

두 번째 전설에는 이런 이야기도 있습니다. 천사들이 성전의 돌들을 프라하로 옮길 때, 하나님께 '온전한' 돌들을 가져갈 것이라고 말했다는 것입니다. 나중에 예루살렘에 성전이 다시 지어질 때 그 돌들을 다시 되가져와 성전을 새로 짓는 데에 사용하기 위해서 말입니다. 히브리어로 '온전히'라는 말은 '알–터나이 עַל־תְּנַאי'이므로, 프라하의 유대인들은 성전의 돌들로 지어진 프라하의 베이트 크네세트의 이름을 알터나이라고 지었습니다. 수 세대가 흐른 뒤, 이 말은 이디시어로 비슷한 발음인 '알트노이'(Alt-neu)로 바뀌었습니다. 이 말은 '옛것과 새것'이라는 뜻입니다. 위 사진에 보이는 프라하의 베이트 크네세트는 오늘날 알트노이 슐이라고 불리고 있습니다.

제4장

בֵּית מִדְרָשׁ

Bet Midrash

베이트 미드라쉬

'베이트 미드라쉬 בֵּית מִדְרָשׁ'는 공부하는 집, 연구하는 집 또는 배움의 집이라는 뜻입니다. 회당(베이트 크네세트)은 기도의 집이면서 동시에 배움의 집이기 때문에 회당은 베이트 미드라쉬가 되어야 합니다.

토라(성경) 공부는 평생 동안 해야 하는 일입니다. 토라 연구를 중단하는 것은 삶을 중단하는 것입니다.

모든 일을 쉬어야 하는 안식일임에도 슈마야와 아브탈리온은 힐렐을 구하기 위해 눈으로 뒤덮인 옥상에 올라갔습니다.

여러분은 회당하면 무엇이 가장 먼저 떠오르나요? 유대인들은 회당하면 어떤 활동이 가장 먼저 떠오른다고 대답할까요? 아마 유대교 토라 수업시간을 먼저 떠올리게 될 것입니다. 모든 사람들이 나이를 불문하고 회당에서 토라를 공부하기 때문에 회당은 베이트 미드라쉬, 혹은 배움의 집이라고 불리고 있습니다.

여러분은 유대인들이 회당을 베이트 미드라쉬라고 부르는 것을 들어본 적이 없을지도 모릅니다. 그러나 '슐'(Shul)이라고 부르는 것은 한 번쯤 들어보았을 것입니다. 이디시어인 슐은 '학교'를 뜻하는 그리스어에서 온 말입니다. 유대인들은 모여서 하나님께 예배드리는 장소를 예배의 장소임과 동시에 토라를 공부하는 장소, 가르침의 장소라고 생각했습니다.

본 장에서는 베이트 미드라쉬가 수천 년 동안 유대인의 삶에서 얼마나 중요한 역할과 기능을 감당하였는지에 관하여 공부하고자 합니다.

⭐ 우리가 배우게 될 새로운 교훈
1. 토라는 모두에게 열려있습니다.
2. 유대교 공부는 평생 해야 하는 일입니다.

힐렐과 베이트 미드라쉬

제자들에게 몸을 씻는 일이 하나님을 경외하는 일이며 하나님의 계명을 지키는 일이라고 가르친 힐렐을 기억하시나요? 현대에 이르기까지 그 이름이 알려진 위대한 랍비 힐렐도 사실 태어날 때부터 위대한 랍비로 태어난 것은 아니었습니다.

부유한 상인이었던 그의 형은 동생이 자신과 같이 사업에 뛰어들기를 원했습니다. 그러나 힐렐은 사업을 시작하게 되면 토라를 공부할 시간이 줄어들 것을 걱정하여 나무꾼이 되기로 하였습니다.

힐렐은 이처럼 토라를 공부하기 위하여 어떤 노력을 했는지를 설명하는 다음 이야기를 읽은 후, 다음 질문에 스스로 대답해보세요.

토라를 공부하기 위해 힐렐은 어떤 일까지 하였나요?

슈마야와 아브탈리온은 어떻게 힐렐을 구했나
나무꾼이었던 힐렐의 수입은 그리 많지 않았습니다. 그럼에도 그는 자기 수입의 절반은 가족들의 생활비로, 나머지 절반은 슈마야와 아브탈리온이 가르치던 베이트 미드라쉬의 수업료로 사용했습니다.

매우 추웠던 어느 겨울의, 금요일이었습니다. 일감을 구하지 못한 힐렐의 주머니는 텅텅 비어있었고, 베이트 미드라쉬에 들어갈 수업료도 남아있지 않았습니다. 입구를 지키는 경비원은 수업료를 내지 못하는 힐렐을 회당안으로 들여보내주지 않았습니다.

토라를 너무도 배우고 싶은 나머지, 힐렐은 경비원이 한 눈을 판 틈을 타 황급히 베이트 미드라쉬의 옥상으로 올라갔습니다. 좋은 자리를 발견한 그는, 내리쬐는 햇빛 아래서 슈마야와 아브탈리온의 수업을 들을 수 있었습니다. 눈이 내렸지만 힐렐은 신경 쓰지 않고 그 자리를 지켰습니다. 그토록 고대하던 토라 수업을 들을 수 있었기 때문입니다. 오후 수업이 끝나고, 학생들과 선생님들이 모두 안식일을 준비하러 교실을 떠났습니다. 그러나 힐렐은 옥상에서 내려오지 않았습니다.

슈마야와 아브탈리온은 토라 수업을 하는 건물 맞은편에 살았습니다. 다음날, 안식일 아침에 슈마야는 집에 빛이 잘 들어오지 않는 것을 보고 의아해하였습니다. 날씨가 궁금했던 그는 아브탈리온과 함께 창문을 열어 밖을 내다보았습니다. 눈으로 뒤덮인 옥상에 누군가가 쓰러져 있는 것을 본 슈마야와 아브탈리온은 모든 일이 금지된 안식일 아침임에도 불구하고 옥상으로 올라갔습니다.

쓰러진 힐렐의 몸 위에 쌓인 눈을 치우고 그를 집안으로 들여온 그들은 힐렐의 몸을 씻기고 따뜻한 불가에 눕혀 놓아 몸을 말려주었습니다. 누워서 곤히 자는 힐렐을 보며 두 토라 선생님은 이렇게 말했습니다.

"이런 사람을 위해서라면, 안식일을 어길 수밖에 없지 않은가."

그 날부터, 힐렐은 수업료를 내지 않고도 베이트 미드라쉬에 들어와 수업을 들을 수 있게 되었다고 합니다.

❗ 생각해 봅시다
1. 슈마야와 아브탈리온은 왜 안식일 법을 어겼나요?
2. 여러분이 좋아하는 것을 포기하고서라도 공부하고 싶은 과목을 하나 적어봅시다.

성인 교육과 베이트 미드라쉬

많은 사람들은 어린이만 교육을 받는다고 생각합니다. 그러나 유대교는 항상 뭔가 달랐습니다. 어른들은 아이들을 가르치는 것도 중요하지만, 계속해서 배움을 이어가야 할 책임도 있다는 것입니다. 예를 들어, 힐렐

유대교를 공부하는 곳이라면 어디든 베이트 미드라쉬가 될 수 있습니다. 위 사진에 보이는 하브라(Havurah)라 불리는 유대교 공동체는 메길라(두루마리)를 읽으며 부림절을 기념합니다.

에레쯔 이스라엘에 위치한 어느 베이트 미드라쉬의 사진입니다. 인도에서 온 이민자 자녀들이 앞으로 살게 될 새로운 땅에 대해 배우고 있습니다.

의 이야기는 베이트 미드라쉬가 어른들이 공부하던 곳이었다는 사실을 알려주고 있습니다.

아래 나오는 유대인 어른들이 어떻게 토라를 공부했는지에 관한 이야기를 읽고 다음 질문에 스스로 대답해보세요.

고대와 현대의 어른들에게 유대교 교육은 얼마나 중요했나요? 어떤 예를 들 수 있을까요?

바빌로니아와 유대교 교육

지금은 이라크가 위치해 있는 고대 바빌로니아는 유대교 교육의 중심지였습니다. 바빌로니아의 회당들은 특히 어른들에게 수업을 하는 것으로 유명했다고 합니다.

학생들이 일 년에 두 번, 한 달 동안의 수업을 등록하러 만 이천 명이나 되는 학생들이 모여드는 것을 상상이나 할 수 있나요? 바빌로니아에서는 이런 일이 벌어졌습니다.

농번기가 지나고 휴식기를 가지는 농부들도 회당에 수업을 듣기 위하여 등록하러 많이 왔다고 합니다. 이른 봄 한 달과 늦여름 한 달, 총 두 달간 농부들은 휴식기를 가지고 일을 하지 않았습니다. 대신 그들은 유대교 법을 가르치는 수업에 참석하였습니다. 그 학기에서 다룰 주제는 학기가 시작되기 전에 미리 공개되었기 때문에 학생들은 쉬는 동안 수업을 미리 준비할 수 있었다고 합니다.

오늘날에는 대부분의 사람들이 서로 다른 시기에 봄방학(혹은 여름방학)을 보내지만, 그럼에도 많은 유대인 어른들은 베이트 미드라쉬의 전통을 지키고 있습니다. 여러분의 부모님도 아마 여러분이 다니는 회당에서 성인 교육을 받고 계실 것입니다.

유대인이 모여 토라를 공부하는 곳이라면 어디든 베이트 미드라쉬가 될 수 있습니다. 한 번은 어느 신문사에서 대도시 로펌에서 열리는 유대교 공부 모임에 대해 다룬 적이 있습니다.

그 로펌에서 일하는 수많은 유대인 변호사들이 퇴근 후 정기적으로 만나 유대교 토라를 공부하였던 것입니다. 이와 같은 사례에서는 변호사들의 사무실이 바로 베이트 미드라쉬가 된 것입니다. 다른 지역에서도 이와 같은 유대교 공부 모임이 생겨났습니다.

❗ 한 번 더 생각해 봅시다
1. 오늘날 유대인 어른들의 공부 모임과 옛날, 일 년에 두 번 열리던 바

빌로니아의 회당 모임과의 비슷한 점은 무엇인가요?
2. '베이트 미드라쉬'라는 말에서 '미드라쉬'가 '베이트'보다 더 중요한 이유는 무엇인가요?
3. 유대인이 성인식을 마친 후에는 유대교 공부를 하는데 어떻게 하는지 들어 본 적이 있습니까?
4. 여러분이 기독교인이라면 세례를 받은 후 어떤 성경공부를 하였는지 적어 보세요.

제5장

גְּמִילוּת חֲסָדִים

Gemilut Hasadim

거밀루트 하사딤

'거밀루트 하사딤 גְּמִילוּת חֲסָדִים'은 '선한 행실' 또는 '친절한 행위'를 의미하는 말입니다. '하사딤 חֲסָדִים'은 '은혜로움'을 뜻하는 '헤세드 חֶסֶד'의 복수형입니다. '거밀루트 גְּמִילוּת'는 '보상'이나 '하사품'을 의미하는 단어로부터 파생된 말입니다.

몸이 아파 병원에 있는 친구를 방문하는 것도 거밀루트 하사딤을 행하는 것입니다.

전설에 따르면 모리아 산에 살고 있는 형제가 '거밀루트 하사딤 גְּמִילוּת חֲסָדִים'을 아주 잘 보여주며 살았다고 합니다. 하나님께서 그들에게 성전을 지을 장소를 알려주셨다고 합니다.

미국 워싱턴 D.C.에 위치한 브나이 브리트 클루쯔니크 박물관(B'nai B'rith Klutznick Museum)의 석벽에 히브리어로 다음과 같은 문장이 새겨져 있습니다.

> 세계는 세 개의 기둥, 토라의 기둥, 예배의 기둥 그리고 거밀루트 하사딤의 기둥 위에 세워져있다.

이 문장은 노래 가사로도 사용되어, 오늘날까지도 많은 학생들이 큰 교훈을 얻고 있습니다. 본 장에서 우리는 '고대 성전'과 '거밀루트 하사딤'이 어떤 관계가 있는지를 배우게 될 것이다. 그리고 여러 종류의 선행이 거밀루트 하사딤에 포함된다는 것을 배우게 될 것입니다.

★ 우리가 배우게 될 새로운 교훈
1. 성전은 거밀루트 하사딤이 실천된 곳에 지어졌습니다.
2. 만나는 모든 사람들에게 거밀루트 하사딤을 실천할 때 하나님께서 그 사람에게 더 가까이 다가 올 것입니다.

거밀루트 하사딤과 성전

거밀루트 하사딤은 고대 성전이 지어질 위치를 정하는 데에 큰 역할을 하였습니다. 그러나 거밀루트 하사딤을 실천하기 위해서 꼭 성전이 있어야만 하는 것은 아닙니다. 성전과 거밀루트 하사딤에 관한 다음 이야기를 읽고, 다음 질문에 스스로 대답해보세요.

(a) 성전은 어디에 지어졌습니까? 그곳에 지어진 이유는 무엇입니까?
(b) 성전이 파괴된 후 거밀루트 하사딤은 어떤 기능을 하였습니까?

거밀루트 하사딤과 성전의 위치

아주 먼 옛날, 두 형제가 예루살렘에 살고 있었습니다. 형은 결혼하여 아내와 네 명의 아이가 있었고, 동생은 결혼을 하지 않았습니다. 두 형제는 예루살렘의 모리아 산꼭대기에 아주 기름진 밀밭에서 농사를 짓는 농부였습니다. 형제가 동등하게 일거리를 나누었고, 수확이 끝나면 소득 역시 동등하게 반으로 나누어 가졌습니다.

어느 해 가을 수확기에 두 형제는 하루 일과를 마치고 집으로 돌아 왔습니다. 집에 돌아온 두 형제는 각자의 집에서 생각하기 시작하였습니다. 동생은 생각하기 시작하였습니다.

> 결혼하지 않은 자기 자신보다 가족들을 책임지고 있는 형님이 더 많은 수확물을 가져가야해. 형님이 가져가는 만큼 나도 똑같이 가져가면, 내가 너무 많이 가져가는 거야. 나는 이만큼은 필요 없지.

이렇게 생각한 동생은 그날 밤, 형이 잠든 사이에 수확하여 쌓아 놓은 밀 추수 다발이 있는 곳으로 나갔습니다. 동생은 자기 밀 다발에서 몇 단을 가져다가 조용히 형의 밀 다발 위에 올려두었습니다.

사실 그날 밤 형님은 고민 때문에 잠을 제대로 이루지 못했습니다. 자기는 늙거나 병 들어도 다 큰 자녀들이 돌보아줄 수 있지만, 동생은 그렇지 않았기 때문입니다.

> 내 동생은 나보다 좀 더 많이 가져가야돼. 내 동생이 나중에 늙으면 동생을 돌보아 줄 사람이 없잖아. 돈을 모아 가지고 있어야 해.

아래 사진을 자세히 보면, 박물관 돌 벽에 히브리어로 '거밀루트 하사딤 גְּמִילוּת חֲסָדִים'이 새겨진 것을 볼 수 있습니다. 아래 사진에 영어로 번역된 문장과 앞 페이지 3, 4줄에 나오는 설명과 비교하여 보세요. 무엇이 다른지 찾을 수 있는가요?

그렇게 생각한 형님은 잠자리에서 일어나 밭으로 나갔습니다. 그리고 자기 밀 추수 단에서 몇 단을 가져다가 조용히 동생의 밀 추수 단 위에 올려두었습니다. 다음날 아침, 두 형제는 자기 추수 단이 그대로인 것을 보고 이상하게 생각하였습니다. 하지만 두 형제는 서로에게 아무 말도 하지 않았습니다. 대신 매일 밤 서로에게 자기 단을 형제의 단에 올려놓아 주기만 했을 뿐입니다. 어느 날 밤, 마침내 두 형제는 밭에서 서로 만나게 되었습니다. 서로의 거밀루트 하사딤을 확인한 그들은 밀 추수 단을 바닥에 떨어뜨리고 서로를 끌어안아주었습니다.

하나님께서 거하실 집, 성전을 지을 날이 다가오고 있었습니다. 하나님께서는 거밀루트 하사딤을 행한 두 형제의 밀밭을 하나님의 성전을 지을 곳으로 선택하셨습니다. 두 형제의 거밀루트 하사딤은 그렇게 자신들의 뜨거운 형제애를 보여준 모리아 산 위에 오래도록 기억될 흔적으로 남게 되었습니다.

성전 파괴 이후의 거밀루트 하사딤

C.E. 70년, 로마인들이 예루살렘 성전을 파괴하였습니다. 그 결과로, 유대인들은 성전에서 더 이상 하나님께 희생 제사를 드릴 수 없게 되었습니다. 어느 날, 요하난 벤 자카이와 그의 제자 여호수아는 파괴된 성전의 잔해 앞에 서 있었습니다. 눈물을 흘리며 주위를 둘러보던 여호수아가 스승에게 말했습니다.

"더 이상 성전에서 제사를 드리지 못하고, 우리 죄를 속죄할 수 없다니, 이 얼마나 끔찍한 일입니까?"

요하난 벤 자카이 선생님은 제자를 위로하며 이렇게 말했습니다.

하나님께서 호세아 선지자에게 말씀하시길, 하나님께서는 제사보다 자비와 사랑을 더 귀하게 여기신다고 하셨다네. 거밀루트 하사딤을 통해, 우리는 여전히 우리의 죄를 속죄할 수 있다네.

생각해 봅시다

1. 하나님께서는 왜 모리아 산을 성전을 지을 장소로 선택하셨나요?
2. 제자 여호수아가 파괴된 성전을 보고 슬퍼할 때, 요하난 벤 자카이는 어떤 가르침을 주었나요?
3. 거밀루트 하사딤이 여러분 가족들의 삶을 어떻게 풍요롭게 할 수 있을까요?

거밀루트 하사딤을 통해 하나님과 친구되기

오래 전, 몇몇 랍비들이 토라를 공부하고 있었는데, 신명기 13:4에 이르렀을 때 이 구문이 가르치는 의미가 무엇인지 아주 궁금해졌습니다.

> 너희 주 하나님의 뒤를 따르라!

랍비들은 서로서로 묻고 대답하는 가운데 한 랍비가 이렇게 답하였습니다.

> 하나님께서 거밀루트 하사딤을 실천하시듯이, 우리도 그리하여야 한다.

랍비들은 개인이 실천하는 다양한 모습의 친절도 거밀루트 하사딤으로 봅니다. 예를 들면, 하나님께서 범죄한 아담과 하와에게 가죽으로 옷을 만들어 입혀주신 것처럼, 우리도 추위에 떨고 있는 이웃에게 옷을 주어야

여러분 스스로 생각해 보세요

첫 제사보다 자비와 사랑을 기뻐하신다는 하나님의 말씀은 호세아 6:6에 나오는 말씀입니다. 호세아 선지자는 B.C.E. 8세기, 이스라엘 땅이 남쪽과 북쪽 두 왕국으로 나뉘어져 있을 때 살았던 인물입니다. 호세아 선지자는 북쪽 왕국이 아시리아 침략자들에게 멸망을 당하기 전 짧은 기간 동안 하나님의 말씀을 전했습니다.

한다는 것입니다. 아브라함이 부상을 당하고 회복할 때에 하나님께서 그를 방문하셨듯이, 우리도 아픈 사람을 찾아가 위로해주어야 합니다. 거밀루트 하사딤에 대하여 설명하는 다음의 이야기를 읽어보고, 다음 질문에 대답해보세요.

아브라함은 모든 사람에게 거밀루트 하사딤을 실천해야 한다는 것을 어떻게 배우게 되었나요?

이방인에게 거밀루트 하사딤을 보이다

랍비들은 아브라함이 손님에게 어떤 친절을 베풀었는지에 대해 많은 이야기들을 우리에게 전해주고 있습니다. 예를 들어, 브엘세바에 있는 아브라함의 집은 사방에 문이 있어서 나그네들이 쉽게 집에 들어올 수 있었다고 전합니다. 그는 굶주린 사람에게 음식을 베풀었을 뿐만 아니라, 필요한 사람에게는 옷과 여비를 챙겨주기까지 했습니다. 도움을 받은 나그네가 감사를 표하면, 아브라함은 이렇게 말했다고 합니다.

> 저에게 감사하지 마십시오. 내가 당신께 드린 모든 것은 하나님께서 제게 주신 것이니, 하나님께 감사하십시오.

비가 내리는 어느 날 밤, 아브라함의 장막에 한 노인이 찾아왔습니다. 아브라함은 그 노인의 발을 씻겨주고 불을 피워 몸을 따뜻하게 해주었습니다. 새 옷을 주고 그에게 음식을 대접해 주었습니다. 음식을 먹고 기운을 차린 노인은 가방에서 우상을 꺼내, 그 앞에 절하며 우상에게 감사하였습니다.

아브라함은 그 손님에게 말했습니다.

나무토막 앞에 절하는 것이 부끄럽지도 않습니까?
이 세상을 지으신 주님께 감사하지도 않습니까?

그러자 노인이 이렇게 답하였습니다.

저는 언제나 저의 신에게 기도해왔습니다.
지금보다 더 나이가 들어도, 내가 섬기는 신을 잊지 않을 것입니다.

화가 난 아브라함은 그 노인을 집에서 쫓아내고 말았습니다.
그날 밤, 침대 위에 누운 아브라함은 잠을 이룰 수가 없었습니다. 하나님의 목소리가 잠자리에 누운 그에게 들려왔습니다.

우상을 숭배하는 사람을 본 아브라함은 화가 난 나머지 손님에게 거밀루트 하사딤을 보이지 못했습니다.

거밀루트 하사딤을 단 한 번 실천하는 것만으로도 많은 사람들에게 도움이 됩니다. 이 사진에서, 소녀는 할머니의 뜨개질을 도와주는 것일까요? 아니면 할머니가 소녀에게 뜨개질을 가르쳐주는 것일까요?

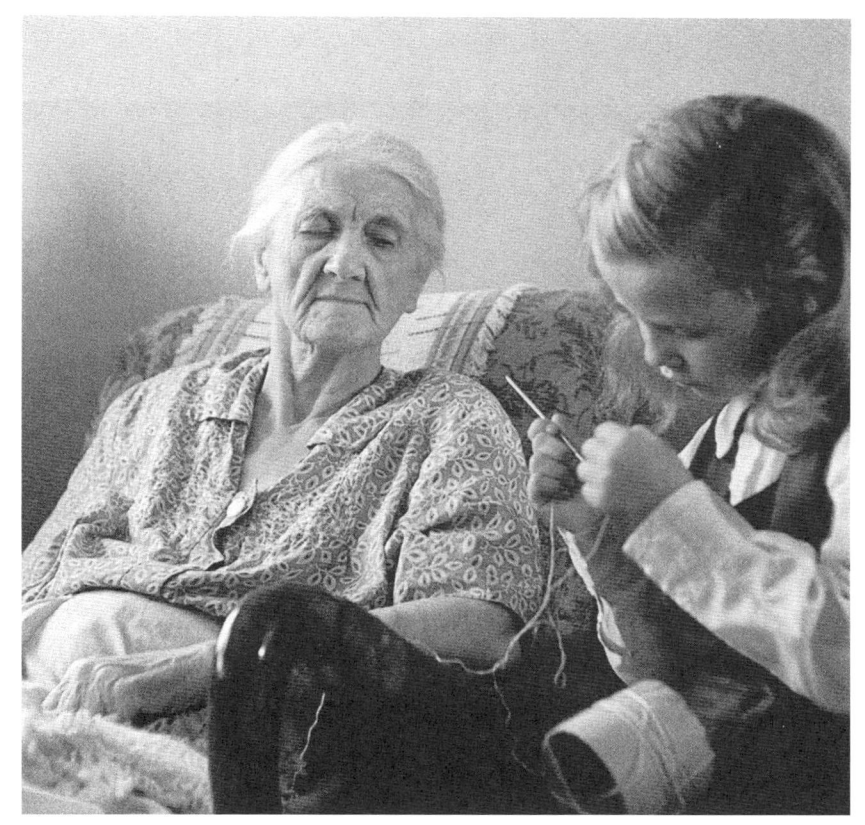

그 노인은 어디로 갔느냐?

아브라함이 대답했습니다.

우상을 숭배하는 노인을 그대로 두고 볼 수 없어 집에서 쫓아내었습니다.

하나님께서 말씀하셨습니다.

나는 70년이 넘도록 그 노인이 우상을 섬기는 것을 보고도 참아왔다. 그런데 너는 단 하룻밤도 참을 수 없었다는 말이냐?

이 사람들은 이웃이 거리를 청소하는 것을 자발적으로 도와줌으로써 거밀루트 하사딤을 실천하고 있는 것입니다.

스스로에게 부끄러움을 느낀 아브라함은 그 자리에서 일어나 집 밖으로 나왔습니다. 추적추적 내리는 비에는 아랑곳하지 않고, 집에서 쫓겨나 방황하는 그 노인에게 달려가 용서를 구했습니다. 그 날 이후로 아브라함은 하나님을 섬기지 않는 사람들에게까지도 거밀루트 하사딤을 실천하였다고 합니다.

⚠ 한 번 더 생각해 봅시다

1. 랍비들이 칭찬한 아브라함의 거밀루트 하사딤은 무엇이었나요?
2. 아브라함은 집에 찾아온 노인에게 '하나님의 뒤를 따르라'는 말씀을 실천하지 못하였습니다. 어떻게 실천하지 못했나요?
3. 여러분의 회당 주일학교에서 실천하는 거밀루트 하사딤 두 가지를 적어보세요.

여러분 스스로 생각해 보세요

수년이 지난 후, 하나님께서 아브라함의 자손들에게 토라를 주실 때 모세는 이스라엘의 자녀들이 하나님을 믿지 않는 이방인들에게도 거밀루트 하사딤을 실천해야 한다는 것을 깨달았습니다. "주 하나님만이 참 하나님이시고, 참 주님이십니다...(중략) 나그네를 사랑하셔서 그에게 먹을 것과 입을 것을 주시는 분이십니다. 당신들이 나그네를 사랑해야 하는 것은, 당신들도 한때 이집트에서 나그네로 살았기 때문입니다."(신 10:17-19)

제6장

דֶּרֶךְ אֶרֶץ

Derech Eretz

데레크 에레쯔

'데레크 에레쯔 דֶּרֶךְ אֶרֶץ'는 올바른 행동, 혹은 우리가 마땅히 해야 할 일을 뜻합니다. '데레크 דֶּרֶךְ'는 히브리어로 '길' 또는 '방법'이라는 뜻이며, '에레쯔 אֶרֶץ'는 히브리어로 '땅' 또는 '흙'이라는 뜻입니다.

어떤 집에 들어가기 전에 먼저 노크를 하는 것도 데레크 에레쯔를 실천하는 방법 가운데 하나입니다.

데레크 에레쯔에는 많은 종류가 있습니다. 이스라엘을 상징하는 국기에 대한 경례를 하는 것도 데레크 에레쯔를 실천하는 방법 가운데 하나입니다.

이스라엘 사람들은 서로서로에게 말합니다. '우리는 다양한 방식으로 '데레크 에레쯔'를 실천할 수 있습니다.' 랍비들의 가르침에 따르면 사람은 토라에 쓰인 말씀대로, 하나님의 길을 배움으로써 '데레크 에레쯔'를 배울 수 있다고 합니다.

예를 들어, 아담은 선악과를 먹은 후 몸을 숨김으로써 하나님의 눈을 피할 수 있다고 생각했습니다. 하나님은 아담을 부르시며 "아예카 אַיֶּכָּה 어디에 있느냐"라고 말씀하셨습니다.

물론 하나님께서는 이미 아담이 어디에 숨어있는지 알고 계셨습니다. 그럼에도 아담에게 어디에 있냐고 말씀하신 이유는 말씀을 통하여 아담과 성경독자에게 데레크 에레쯔를 이루는 한 가지 방법을 가르쳐 주기 위함입니다. 그것은 다름 아니라 다른 사람의 집에 들어갈 때 인기척을 내는 것 없이 들어가지 말라는 것입니다.

여러분의 행동에 대해서 스스로 한번 생각해보시기 바랍니다. 친구 집에 방문하기 전, 먼저 찾아가도 되는지 전화해보는 건 어떨까요?

본 장에서는 랍비와 데레크 에레쯔에 대한 두 가지 종류의 이야기를 읽어볼 것입니다. 하나는 한 랍비가 데레크 에레쯔가 없다면 토라는 아무런 의미가 없다는 것을 배우는 이야기입니다.

그리고 두 번째 이야기에서는 또 다른 랍비가 때로는 데레크 에레쯔가 매너를 지키는 것만이 아님을 제자들에게 가르치는 이야기입니다.

⭐ 우리가 배우게 될 새로운 교훈
1. 토라 학자들은 데레크 에레쯔를 실천하여 사람들에게 모범이 되어야

합니다.
2. 다른 사람의 기분을 존중하는 것도 데레크 에레쯔를 이루는 하나의 방법입니다.

데레크 에레쯔를 실천하는 랍비

여러분의 학교에 선생님 한 분이 새로 오셨다고 생각해봅시다. 헐렁한 옷을 입고 수업에 들어오시거나 세수도, 면도도 하지 않고 수업에 들어오시는 선생님 말입니다. 이런 선생님은 학생들에게 모범이 될 수 없습니다. 마찬가지로, 랍비들 또한 하나님의 말씀을 연구하는 학자라면 데레크 에레쯔를 따라야 한다고 말하고 있습니다.

랍비들에 따르면, 토라를 배우는 사람은 사업을 할 때에도 거짓이 없어야 하며 다른 사람에게 말할 때에도 상냥하게 말해야 한다고 합니다. 그 모습을 보고 다른 사람들이 토라를 배우는 사람을 칭찬할 뿐만 아니라, 그에게 토라를 가르치는 선생님도 칭찬할 것입니다.

만약 토라를 배우는 사람이 사업을 할 때에 상대를 속이려 하거나 다른 사람들을 무례하게 대한다면 다른 사람들이 그 사람에 대해 어떻게 이야기할까요?

이 사람은 토라를 배우는데 믿을 만하지 못하네요!
이 사람에게 토라를 가르치는 선생님도 믿을 만한 사람은 아니겠지요!

데레크 에레쯔에 대한 가르침을 얻은 토라 학자에 대한 다음 이야기를 읽고, 다음 질문에 대답해보세요.

랍비 얀나이는 '데레크 에레쯔가 없는 곳에는 토라도 없다'는 가르침을 어떻게 배우게 되었나요?

데레크 에레쯔가 없는 곳에는 토라도 없다

어느 날 랍비 얀나이는 학생들이 입는 옷을 입은 한 청년을 만나게 되었습니다. 얀나이는 그 청년을 집으로 초대하여 음식을 대접하였습니다. 그러나 식사를 함께 하면서, 얀나이는 그 청년이 토라의 가르침을 어기는 것을 보았습니다. 식사를 하기 전 감사 기도를 암송하지 못하는 것이었습니다. 짜증이 난 랍비 얀나이는 마침내 청년에게 이렇게 말했습니다.

> 최소한 내가 읊는 말을 따라 해보기라도 하게!

그러자 청년은 얀나이의 기도문을 따라 읊었습니다. 잘 모르지만, 할 수 있는 데까지 노력해보려고 하였습니다.

그러나 얀나이는 그 청년을 향하여 이렇게 말하였습니다.

> 얀나이는 개와 함께 음식을 나누고 있습니다.

얀나이의 모욕에 화가 난 청년은 일어나 랍비 얀나이의 멱살을 잡았습니다. 화난 청년의 손을 떨군 얀나이는 이렇게 말했습니다.

> 자네가 나와 함께 음식을 먹을 자격이 있는가? 있다면 하나라도 설명해보게!

그러자 청년은 대답하였습니다.

어떤 사람과는 다르게, 저는 언제나 다른 사람을 무례하게 대하지 않으려고 조심하고 또 조심했습니다. 사람들이 싸우는 것을 보면 그들을 화해시켰습니다.

청년의 말을 들은 랍비 얀나이는 자신이 잘못된 행동을 했음을 깨달았습니다. 데레크 에레쯔를 실천해온 사람에게 내가 얼마나 큰 무례를 행한 것인가! '데레크 에레쯔가 없는 곳에는 토라도 없다는 말씀을 잊어버리고 말았군!'

우리는 토라를 배우는 것으로 끝나서는 안 됩니다. 배운 토라를 실천하며 살아야 합니다.

현대 사회에서 교통신호를 잘 지키고 무단횡단을 하지 않는 것 또한 데레크 에레쯔를 실천하는 길입니다.

ⓘ 생각해 봅시다

1. 랍비 얀나이는 어떤 행동을 보고 청년을 무례하게 대하였나요?
2. 랍비 얀나이가 자신이 데레크 에레쯔를 실천하지 못하고 있다는 것을 깨닫도록 한 청년의 말은 무엇이었나요? 여러분이라면 어떻게 대답하였을까요?
3. 여러분의 일상의 삶 가운데서 '데레크 에레쯔가 없는 곳에는 토라도 없다'라는 말씀을 잘 보여주는 일을 겪은 적이 있다면 찾아 서로서로 나누어보세요.

데레크 에레쯔는 매너와는 다르다

데레크 에레쯔는 우리가 사회생활을 하며 지켜야 하는 매너도 포함되어 있습니다. 하지만 다른 사람의 기분을 존중하고 그 사람에게 신경 쓰는 것 또한 데레크 에레쯔를 실천하는 일입니다. 아래 이야기는 이 점을 잘 가르쳐주고 있습니다.

다음 이야기를 읽고 다음 질문에 대답해보세요.

랍비 제프 울프는 '토라가 없는 곳에는 데레크 에레쯔도 없다'라는 것을 제자들에게 어떻게 가르쳐주었나요?

토라가 없는 곳에는 데레크 에레쯔도 없다

안식일 저녁이었습니다. 랍비 제프 울프는 제자들과 함께 식탁에 앉았습니다. 제자들은 울프가 깊은 생각에 잠긴 것을 보고 작은 목소리로 서로 떠들기 시작했습니다.

생각에 잠긴 선생님을 방해하지 않으려고 일부러 목소리를 크게 내지 않았습니다. 그 당시 랍비 제프 울프는 낯선 사람들에게도 친절함을 베푸

식사 자리에서 큰 소리를 내며 무를 먹는 것은 매너가 아닙니다. 그러나 이 손님에게 망신을 주던 다른 손님들 또한 데레크 에레쯔를 실천하지 못한 것입니다.

는 것으로 잘 알려져 있었습니다. 그는 언제든지 자기 집에 들어오는 사람은 식사에 초대하였기 때문입니다.

그날 저녁, 울프가 제자들과 식사를 하던 중이었습니다. 한 남자가 들어와 식탁에 함께 앉았습니다. 다른 사람들은 그 남자가 데레크 에레쯔를 실천하지 않았다는 것을 알았지만, 그를 위해 자리를 비켜주었습니다.

그 남자는 자리에 앉자 그의 주머니에서 큰 무를 꺼내들더니, 나이프를 들어 여러 조각으로 잘랐습니다. 그리고는 포크로 무를 찍어 먹는 것이었습니다. 그 무를 씹어 삼키는 소리가 다른 사람들에게 크게 들릴 정도였습니다.

이 모습을 본 다른 사람들은 이 손님이 데레크 에레쯔를 실천하지 않는 모습을 보고 짜증이 난 나머지 이렇게 말하였습니다.

이런 식충이 같으니. 농장의 동물처럼 무를 먹는군. 여기는 랍비께서 식사를 하시는 자리라네. 자네는 여기에 올 자격이나 있는가?

랍비의 제자들은 최대한 작은 목소리로 말하려 했습니다만, 랍비 제브 울프는 이내 새로 온 손님이 망신을 당하고 있음을 알아차리고는 이렇게 말했습니다.

제가 지금 무엇을 먹고 싶은지 아십니까?
먹기 좋게 잘 자른 무를 제일 먹고 싶습니다.

그러자 그 손님은 울프에게 자기가 자른 무를 한 웅큼 나누어주었습니다. 울프의 한 마디로 인해 그 손님은 다른 사람들로부터 받은 망신이 기쁨으로 바뀌었습니다.

시간이 지나고, 손님이 자리를 떠나자 랍비 울프는 제자들에게 이렇게 말하였습니다.

자네들이 저 손님에게 한 것처럼 다른 사람들이 자네에게 망신을 주면 기분이 어떻겠는가? 왜 저 사람에게 그런 망신을 주었는지, 나도 이해한다네.
데레크 에레쯔를 보이지 않는 모습을 보고 화가 났겠지.
그러나 자네들이 저 사람을 대한 태도는 토라를 따르는 사람의 모습이 아니었다네. 토라가 없는 곳에는 데레크 에레쯔도 없다는 말을 반드시 잊지 말게.
좋은 매너도 다른 사람을 존중하는 태도가 없다면 아무런 의미가 없는 것이라네.

❗ 한 번 더 생각해 봅시다

1. 랍비 제브 울프의 제자들은 데레크 에레쯔를 어떻게 실천하였나요? 토라를 따르는 사람으로서의 모습을 어떻게 보여주지 못했나요?

2. 데레크 에레쯔를 통해 어떻게 다른 사람을 사랑할 수 있나요? 두 가지 정도만 예를 들어보세요.

3. 집 주인이 매너에 아랑곳 하지 않고 손님의 기분을 존중하는 태도를 보여주는 이야기를 지어보세요.

제7장

זִכָּרוֹן

Zikaron

지카론

'지카론 זִכָּרוֹן'은 히브리어로 '기억하다'라는 의미를 가진 '자카르 זָכַר'에서 파생 되었습니다. '지카론 זִכָּרוֹן' 이라는 말의 의미는 '기억', '회상', '기념'입니다. 히브리어 '지케르 זֵכֶר'는 '기억'이라는 뜻입니다.

사랑하는 사람이 세상을 떠난 날을 기념하기 위해 야흐르자이트 촛불의 불을 밝힙니다.

많은 유대교 기념일이 이집트에서의 노예 생활과 그 곳에서의 탈출을 기억하며 만들어진 것입니다.

과거를 기억함으로써 현재와 미래를 잘 살아갈 수 있다는 것이 바로 유대인의 믿음입니다. 오랜 기간 동안 유대인들은 다양한 방법으로 과거를 기억해왔습니다. 유월절 하가다를 읽는 것은 그들이 이집트에서 노예 생활을 하던 시절을 기억하는 매우 중요한 방법들 중 하나입니다.

이 책에서는 유대인들이 가지고 있는 과거를 기억할 책임에 대해 배울 것입니다. 과거 이집트에서의 노예 생활을 기억하는 '지카론 זִכָּרוֹן'이 유대인의 삶에서 왜 그리 중요한 지를 배우게 될 것입니다. 더 나아가 세상을 떠난 가족을 유대인들이 어떻게 기억하고 추모하는지에 대해서도 배울 것입니다.

> ⭐ **우리가 배우게 될 새로운 교훈**
> 1. 이집트에서의 과거를 기억하는 지카론은 유대교의 율법과 그 실천의 기본이 된다.
> 2. 특별한 기도와 특별한 실천을 통해 유대인은 세상을 먼저 떠난 가족을 기억한다.

이집트에서의 과거를 기억하는 지카론

유월절 그 첫 번째 날 밤에 유대인들은 가족끼리 모여 하가다를 읽습니다. 유월절을 기억하기 위해 준비된 음식 세데르를 먹기 전, 먼저 그들은 그들이 하나님의 손길을 통해 이집트 노예 생활에서 해방된 사람이라는 사실을 기억해야만 하기 때문입니다.

이집트 노예 생활에 대한 기억이 그들에게 얼마나 중요한 일인지 다음 이야기를 읽고 아래 질문에 대답해보세요.

홀로코스트에서 생존한 사람들의 모임은 컴퓨터를 사용하여 나치 정권 당시 살해당하거나 실종된 사람들의 기록을 찾습니다. 지카론, 즉 기억은 이렇게 현재까지 살아 숨 쉬고 있습니다.

이집트 노예 생활에 대한 지카론(기억)은 다른 사람에 대하여 그리고 하나님에 대한 우리의 태도를 어떻게 변화시켰을까요?

이웃에게 친절하고 하나님께 헌신하라

외국 땅에서 나그네가 되었었고, 또 노예가 되었었던 시절의 기억, 즉 지카론은 유대인들이 왜 우리 이웃과 외국인들을 배려하고 걱정하는지에 대한 좋은 답변이 됩니다. 토라는 외국인과 나그네들뿐 아니라 그들을 위해 일하는 사람들에게도 언제나 친절하라고 몇 번이나 가르치고 있습니다. 그리고 그 이유를 언제나 말합니다.

우리도 이집트에서 나그네가 되었었기 때문입니다.

우리를 노예 생활에서 해방시켜주신 분은 다름 아닌 하나님이시라는 것 또한 반드시 기억하여야 할 중요한 사실입니다. 출애굽에 대한 기억은 많은 유대교 기념일의 근간이 되며, 하나님에 대한 유대인들의 기본적인 감정에도 영향을 끼치고 있습니다.

유월절 모세는 파라오에게 하나님의 이름을 말할 때 다음의 말을 여러 번 반복했다고 합니다.

"내 백성이 이집트 밖으로 나가 광야에서 나(하나님)를 섬기게 하라."

이집트를 탈출하는 날, 자유를 얻은 노예였던 유대인은 처음으로 유월절의 율법을 지키며 하나님을 섬길 수 있는 기회를 가지게 된 것입니다.

여러분은 이런 이야기를 들어보았나요

에레브 샤바트에 대한 키두쉬의 구절에서는 이집트에서 우리를 자유케 하신 사건과 함께 이 세상의 창조를 기억하도록 우리에게 안식일을 허락하신 하나님을 찬양하고 있습니다. 유대인들에게는 그들을 구원하신 하나님을 기억하는 것은 곧 이 세상을 창조하신 하나님을 기억하는 것과 같은 일인 것입니다.

오순절 49일이 지난 후에, 모세는 하나님으로부터 십계명을 받아 광야로 돌아왔습니다. 오늘날 유대인들은 이 사건을 기념하여 오순절을 지킵니다. 십계명의 첫 계명은 이렇게 시작합니다.

"나는 너희를 이집트 땅,
너희가 노예로 살던 땅에서 인도한 너희 주 하나님이다."

이 계명이 바로 지카론, 즉 기억입니다.

초막절 출애굽에 대한 기억은 유대교 달력의 세 번째 기념일과도 연관되어 있습니다. 매해 가을마다 짚으로 텐트를 짓는 일은 약속의 땅인 에레쯔 이스라엘을 향해 광야에서 여행하던 시절을 기억하는 행위입니다.

안식일 이집트에서의 과거는 유대인들이 매주 지키는 안식일에도 연결됩니다. 자기 의지와 상관없이 매일 쉬지 않고 일해야만 했던 사람들은 이제 일주일에 하루를 쉴 수 있게 되었습니다. 그들은 쉬는 날을 허락하신 하나님께 감사해야만 합니다. 한때 노예였던 그들은 이제 그들을 위해 일하는 많은 사람들과 안식일의 휴식을 함께 나누어야 합니다.

과거의 역사는 기억을 통해 현재까지 살아 숨을 쉴 수 있습니다. 유대인들은 다시 이집트 파라오의 노예가 될 수도 없고, 되지도 않을 것입니다. 이미 지나간 일을 다시 겪을 수는 없는 일입니다. 그러나 유대 역사를 기억함으로서 현대 유대인들은 현재를 위한 교훈을 배울 수 있습니다.

❶ 한 번 더 생각해 봅시다

1. 유대인이 이집트에서의 과거를 기억하는 방법은 어떻게 다른 사람

소련에 위치한 유대인 묘지입니다. 세상을 떠난 사람을 추모하는 날인 야흐르자이트에 유대인들은 사랑하는 사람이 묻힌 묘지를 방문하곤 합니다.

들에 대한 우리의 태도에 영향을 미치고 있나요?
2. 유대인은 안식일을 통해 어떻게 이집트에서의 과거를 기억하고 있나요?

개인의 삶에 대한 지카론

이 책을 읽고 난 다음, 여러분이 언젠가 슈퍼마켓을 가게 된다면 음식 코너를 잘 살펴보시기 바랍니다. 자세히 보면 코셔 푸드(유대교의 전통에 따라 구별된 음식 - 역자 주) 코너가 있는 것을 확인할 수 있을 것입니다.

송어 통조림과 누룩 없는 빵인 마짜, 러시아 음식인 보르시치 옆에 왁스와 심지가 담긴 병을 발견할 수 있을 것입니다. 어떤 사람들은 이 송어 통조림과 마짜, 보르시치를 유대인들의 영혼을 만족시켜준다는 의미에서 '유대인의 소울 푸드'라고 부릅니다.

코너에 함께 위치한 야르치트 양초는 유대인들의 관심이 단순히 음식에 있는 것이 아니라 영혼에 있음을 보여줍니다. 개인의 인생에서 큰 의미를 가지는 사람을 기억하기 위해 야흐르자이트 양초에 불을 밝히기 때문입니다.

다음 이야기를 읽고 다음 질문에 대답해보세요.

사랑하는 사람에 대한 지카론을 생생히 남기기 위해 유대인들은 어떤 전통을 지킬까요?

이들의 지카론에 축복이 있으라

매주 안식일, 많은 공동체에서는 명단을 낭독하는 랍비의 목소리가 울

여러분은 이런 이야기를 들어보았나요

야흐르자이트는 '기념일'이라는 뜻의 이디시어에서 온 말입니다. 이디시어는 동부 유럽과 중부 유럽에 살던 유대인들이 사용하던 말로, 독일어와 히브리어, 기타 다른 언어들이 섞여있는 언어입니다. 수 세기 동안, 이디시어는 러시아와 폴란드에 거주하던 수많은 유대인들의 공용어였습니다.

려 퍼집니다. 그 명단에는 그 주에 야흐르자이트를 지켜야 할 사람들의 이름이 적혀 있습니다.

야흐르자이트는 세상을 떠난 사람을 추모하는 날입니다.
여러분의 부모님은 언제나 여러분을 사랑하시지만, 여러분의 생일이 되면 다른 날보다 더 특별히 여러분을 생각하시고 돌봐주십니다. 마찬가지로, 우리는 이미 세상을 떠난, 우리가 사랑하는 사람들에 대한 기억을 언제나 소중히 간직하지만, 야흐르자이트에는 이 사람들을 특별히 더 기억하고 추모하는 것입니다.

많은 사람들은 야흐르자이트 때에 회당으로 가 예배에 참석하기도 합니다. 예배 때에 세상을 떠난 사람을 추모하기 위한 카디쉬 קדיש 기도를 할 수 있기 때문입니다. 또 어떤 사람들은 묘지에 찾아가 사랑하는 사람의 이름으로 기부를 하기도 합니다.

일 년에 몇 차례 있는 추모 예배는 유대인의 예배 생활에서 중요한 위치를 차지하고 있습니다. 추모 예배는 이즈코르 יזכור 라고 불리는데, 이는 '하나님께서 기억하시리라'라는 뜻입니다.

우리는 우리 인생에 깊은 의미를 남기고 이 세상을 떠난 사람을 하나님께서 기억해주시기를 기도합니다. 이러한 이즈코르 추모 예배는 대 속죄일, 유월절 마지막 날, 초막절 마지막 날과 오순절에 이루어집니다.

이즈코르 예배 중에는 많은 사람들이 고인의 이름을 기념하기 위해 그들의 이름으로 기부를 합니다. 현대인들에게도 도움을 주는 일로 인하여 과거에 의미 있는 사람들의 기억, 즉 지카론이 현재까지 살아 숨 쉬게 되는 것입니다.

❶ 한 번 더 생각해 봅시다

1. 가족들이 먼저 세상을 떠난 사람을 기억하는 날은 언제인가요?
2. 회당의 모든 사람들이 먼저 세상을 떠난 사람을 기억하는 날은 언제인가요?
3. 지금은 이 세상에 없지만 여러분의 인생에 특별한 사람이 있나요? 있다면, 그 사람을 현재까지 기억하는 가장 좋은 방법은 무엇인가요?

제8장

ירוּשָׁלַיִם

Yerushalayim

여루샬라임

여루샬라임은 예루살렘을 히브리어로 부르는 말입니다. 랍비들은 이 이름이 '평화의 도시'라는 뜻을 가진 '이르 샬롬 עִיר שָׁלוֹם'에서 온 말이라고 가르치고 있습니다.

다마스커스 대문은 예루살렘의 고도로 들어가는 의미 있는 길입니다.

"예루살렘아, 우리의 발이 네 성문 안에 들어서 있다.
예루살렘아, 너는 모든 것이 치밀하게 갖추어진 성읍처럼, 잘도 세워졌구나."(시 122:2-3)

랍비들은 말합니다. 이 세상의 모든 아름다움을 열개로 쪼갠다면, 그 중 아홉은 예루살렘에서 찾을 수 있으리라고 말입니다. 위 사진과 같이, 현대에 예루살렘에 사는 수많은 사람들이 위와 비슷한 말을 합니다. 그러나 오래 전 랍비들이 살던 시대로부터 현대에 이르기까지, 예루살렘의 아름다움은 수 세기를 거치며 그 빛을 잃었습니다.

본 장에서는 사람들이 왜 그토록 오랫동안 예루살렘을 사랑해왔는지, 그 이유를 사진을 통해 살펴보고자 합니다. 또한 예루살렘이 어떻게 유대인들의 삶의 중심 도시가 되었는지에 대해서도 배우게 될 것입니다.

⭐ 우리가 배우게 될 새로운 교훈
1. 다윗 왕은 예루살렘을 평화의 도시로 세웠다.
2. 예루살렘은 언제나 유대인의 희망과 기도의 중심이었다.

예루살렘, 평화의 도시

성경에 따르면, 예루살렘은 이스라엘의 열두 지파 중 두 지파인 베냐민 지파와 유다 지파의 경계에 위치하고 있었습니다. 하지만 예루살렘은 너무나 중요한 나머지 후대의 전설은 이 도시는 모든 지파의 것이라고 말하고 있습니다. 이 전설을 읽고 다음 질문에 대답해보세요.

다윗 왕은 어떻게 예루살렘을 수도로 삼았나요?

예루살렘과 다윗 왕
다윗이 왕위에 올라설 때의 이야기입니다. 다윗은 예루살렘이 새로운 왕국의 수도로서 안성맞춤이라고 생각하였습니다. 예루살렘은 언덕 꼭대기에 세워져 있어 다른 나라의 공격을 방어하기에 좋았기 때문입니다.

고대와 현대가 서로 어우러진 아름다운 고도, 예루살렘에 오신 것을 환영합니다. 맨 위 왼쪽 사진부터 시계 방향으로 사진을 감상해주세요. 첫 번째 사진은 예루살렘을 통과하는 관광버스입니다. 그 오른쪽 사진은 아랍인들의 양 시장을 찍은 사진입니다. 그 아래 사진에서는 눈이 살짝 내린 '바위의 돔'을 볼 수 있습니다. 마지막으로 왼쪽 아래 사진은 고고학자들이 발굴한 고대 성전의 벽입니다.

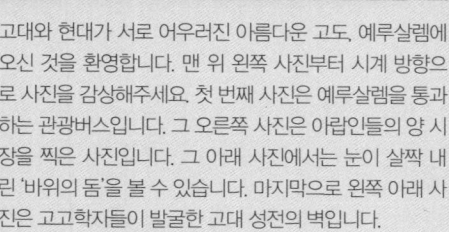

왼쪽 아래 사진은 예루살렘의 전통을 간직하고 있는 메아 쉐아림(Mea Shearim) 거리입니다. 왼쪽 위 사진에서는 예루살렘 금문(Golden Gate)에 따사로운 햇살이 비치고 있습니다. 오른쪽 위 사진은 야외 가판대에서 과일을 파는 모습입니다. 그 아래 사진은 텔레비전 안테나가 옛 도시의 느낌을 간직한 지붕들 위로 솟아있는, 고대와 현대가 만나는 장면입니다.

예루살렘 성을 정복하기 위해, 다윗은 이미 그 곳에 살고 있던 여부스 사람들을 공격하여 마침내 성을 함락시키게 되었습니다.

하지만 다윗은 강제로 이 도시를 빼앗고 싶지는 않았습니다. 예루살렘이 진정한 의미에서 평화의 도시가 되기 원했기 때문입니다. 그리하여 다윗은 전쟁에서 승리했음에도 불구하고 여부스 왕에게 600골드를 주어 예루살렘을 사기로 하였습니다. 여부스 왕이 그 제안을 받아들임으로써, 예루살렘은 이스라엘 통일왕국의 땅이 되었습니다.

예루살렘을 얻게 되자, 다윗은 한 지파가 이 도시를 차지하게 되면 다른 지파들이 이를 시기할 것을 걱정하였습니다. 다른 지파들의 시기와 질투는 분쟁의 씨앗이 되어 마침내 지파들이 서로 전쟁을 벌이기까지 할 수도 있었습니다. 그리하여 다윗은 각 지파에게 50골드를 내게 한 후 예루살렘을 열두 지파에게 동등하게 나누어주었습니다. 이렇게 함으로서 모든 지파가 왕국의 도시를 동등하게 소유할 수 있게 되었던 것입니다. 결국 예

위 유리병은 19세기 독일에서 만들어진 작품입니다. 병 안에는 아름답게 색칠이 된 예루살렘의 나무 모형이 담겨 있습니다.

백성들의 이름

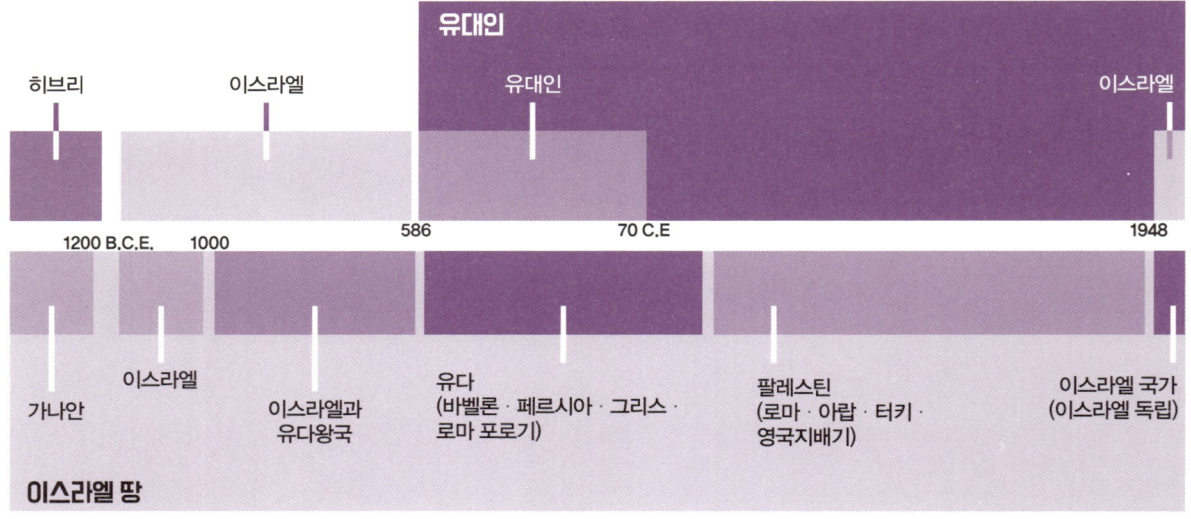

루살렘은 평화로운 방법으로 이스라엘 왕국의 수도가 될 수 있었습니다.

이토록 다윗 왕은 평화를 추구하였지만, 정작 다윗 왕 자신은 인생의 대부분을 전사로 살아왔습니다. 많은 전쟁을 거친 그는 하나님의 성전을 지을 수 없었습니다. 따라서 예루살렘 모리아 산에 첫 번째 성전을 짓는 영광은 다윗 왕이 아닌, 그의 아들 솔로몬에게 돌아가게 되었습니다. 솔로몬 왕의 이름은 히브리어로 '슐로모 שלמה'인데, 이는 히브리어로 평화를 뜻하는 단어인 '샬롬 שלום'에서 온 말입니다..

여러분은 이런 이야기를 들어보셨나요

미국의 수도인 워싱턴 D.C.가 세워진 역사는 예루살렘의 역사와 비슷합니다. 미국 의회에서 수도를 정하기로 결의하자, 각 주(state)들은 서로 자기 주에 미국의 수도를 세워야 한다며 싸우기 시작하였습니다. 결국 이 분쟁을 해결하기 위해, 미국의 수도인 워싱턴 D.C.는 그 어떤 주에도 속하지 않은 땅인 컬럼비아 특별구(District of Columbia, D.C)에 세워지게 되었습니다.

❗ 한 번 더 생각해 봅시다

1. 다윗 왕이 예루살렘을 평화의 도시로 만든 두 가지 방법은 무엇이었나요?
2. 여러분의 경험을 나누어보세요. 일을 시작한 사람과 끝낸 사람이 다른 경우가 있었나요? 있었다면, 두 가지 예를 들어보세요.
3. 여러분의 가족이 서로 시기와 질투를 피하기 위해 무언가를 나눈 일이 있었나요? 있었다면 그 일에 대해서 나누어보세요. 그런 일이 없었다면, 여러분의 이야기를 만들어보세요.

예루살렘과 미래의 희망

수 세기 동안 유대인들은 예루살렘으로의 귀환을 온 세상 사람들의 행복한 미래를 밝히는 신호라고 생각했습니다. 예루살렘이 유대인의 미래에 대한 희망이었다는 다음 이야기를 읽고, 다음 질문에 대답해보세요.

유대인들은 어떻게 예루살렘을 행복한 미래의 상징으로 여겼을까요?

예루살렘을 다시 짓자: 미래의 희망

기도문 책을 쭉 훑어보면, 모든 기도문이 예루살렘을 위해 기도하고 있음을 확인할 수 있습니다. 유대인들은 하나님께 예루살렘에 평화를 내려주시기를, 토라가 시온에서부터 예루살렘에까지 퍼지기를 기도합니다.

이러한 기도문들은 수 세대에 걸쳐 유대인들의 입으로 읊어진 것입니다. 매년 유월절과 대속죄일 마지막 날에 유대인들은 "내년에는 예루살렘에서"라고 기도합니다. 많은 유대인들의 식사 후 기도에는 예루살렘을 위한 기도가 빠지지 않습니다. 식사 후 기도(בְּרָכַת הַמָּזוֹן, 식사 후의 은혜)는 하나님께 예루살렘, 그 거룩한 도시가 다시 지어지는 모습을 살아서 두 눈으로 볼 수 있게 해달라고 간청하는 기도입니다.

유대인들은 말합니다. 인생에서 가장 행복한 순간에도, 우리는 예루살렘이 다시 지어지는 모습을 상상합니다. 유대 문화의 전통 결혼식에서는 총 세 번의 축복 기도를 합니다. 그 중 마지막 세 번의 기도는 시온에 평화를, 부부에게 행복을, 그리고 예루살렘의 회복이 기쁨으로 완성되기를 간구하는 기도입니다. 예루살렘의 평화는 단지 유대인에게만 의미가 있는 것이 아닙니다. 전 세계 사람들에게도 예루살렘의 평화는 큰 의미가 있습니다. 이사야 선지자는 평화의 도시 예루살렘이 언젠가 전쟁이 멈추고 평화가 완성된 온 세계의 성도(성스러운 도시 – 역자 주)가 될 것이라고 가르쳐 주고 있습니다.

한 번 더 생각해 봅시다

1. 우리는 언제 예루살렘을 위해 기도하나요?
   두 가지 예를 말해보세요.
2. 전통에 따르면, 예루살렘이 회복되면 온 세상은 어떤 축복을 받게 되나요?

여러분은 이런 이야기를 들어보셨나요

영어로 '자이언'(zion)이라 부르는 '시온'은 히브리어로는 'צִיּוֹן'이라고 부릅니다. 시온은 예루살렘이 위치한 언덕의 이름이지만, 종종 예루살렘 도시 전체를 뜻하기도 하고, 약속의 땅 에레쯔 이스라엘 전체를 뜻하기도 합니다. 시온 땅에 세워진 유대인들의 국가를 만들고자 했던 운동에 대해서는 제 17장 163페이지부터 170페이지에 나오는 '찌요누트'를 읽어보세요.

제9장

כְּבוֹד הַבְּרִיּוֹת

Kebod Habriot

커보드 하브리요트

커보드 하브리요트 כְּבוֹד הַבְּרִיּוֹת는 우리의 친구인 상대방을 하나님의 창조물로 여기는 존경함을 뜻하는 말입니다. 카보드 כְּבוֹד는 히브리어로 공경을, 브리요트 בְּרִיּוֹת는 히브리어로 창조물 혹은 사람을 뜻합니다.

장애를 겪고 있는 사람을 돕는 것도 커보드 하브리요트를 실천하는 방법입니다.

교실에서 학생들이 눈을 감거나 눈가리개를 한 채 다른 사람의 인도를 받고 있습니다. 이 학생들은 시각장애인이 실제로 어떤 느낌으로 살아가는 지를 체험하고 있는 것입니다. 이러한 실습을 통해 손가락 끝만으로도 하나님께서 창조하신 세상의 아름다움을 느낄 수 있음을 배우게 됩니다.

아담과 하와가 에덴동산에서 쫓겨난 이야기를 들어보았을 것입니다. 하나님께서 먹지 말라고 하신 과일을 먹고 하나님께 불순종한 이야기 말입니다. 하지만 정작 아담과 하와가 먹은 그 과일의 이름은 토라(성경)에 나오지 않는다는 사실도 알고 계셨나요?

토라는 그들이 먹은 나무의 이름만을 대강 알려주고 있을 뿐입니다. 바로 '선악을 알게 하는 지식의 나무'라고 말입니다. 랍비들에 따르면, 하나님께서는 아담과 하와의 자손들이 그 나무가 어떤 나무인지 알기를 원치 않으셨습니다.

만일 사람들이 그 나무가 어떤 나무인지 알았더라면, 사람들은 그 나무를 불행의 근원이라며 저주할 것이기 때문이었습니다.

결국 그 나무도 사실은 하나님의 피조물이었다는 것입니다! 이 나무의 명예를 지켜주기 위해, 하나님께서는 우리에게 아담과 하와가 따 먹은 열매의 이름을 정확히 알려주지 않으신 것입니다.

하나님께서 나무의 이름을 알려주지 않으시고 그 명예를 지켜주셨듯이, 우리도 하나님께서 창조하신 피조물들을 존중하고 지켜주어야 합니다. 랍비들은 다른 사람을 공개적으로 모욕하는 것이 살인과 같은 큰 죄라고 가르치고 있습니다.

본 장에서는 커보드 하브리요트 כְּבוֹד הַבְּרִיּוֹת에 대한 세 가지 이야기를 읽어볼 것입니다. 두 이야기는 랍비가 다른 사람들에게 커보드 하브리요트에 관한 중요한 교훈을 가르쳐주는 이야기입니다. 마지막 한 이야기는 어느 유명한 랍비가 다른 사람을 공개적으로 모욕하게 된 이야기입니다.

⭐ 우리가 배우게 될 새로운 교훈

1. 안식일과 축일에 할라 빵을 천으로 덮는 전통은 우리에게 커보드 하브리요트에 대한 교훈을 주고 있습니다.
2. 신체적 장애를 가진 사람들은 다른 사람들보다 더 많은 존중을 받아야 합니다.
3. 높은 자리에 있는 지도자들 또한 커보드 하브리요트를 실천하여야 합니다.

할라 빵과 커보드 하브리요트

안식일 저녁 식탁 위, 할라 빵 위에는 왜 흰 천을 덮어놓는 것일까요? 어느 이야기에 따르면, 할라 빵을 천으로 덮는 이유는 바로 할라 빵의 마음을 존중하기 위해서라고 합니다.

천을 덮지 않은 할라 빵에 대한 다음 이야기를 읽고, 다음 질문에 대답해보세요.

할라 빵을 덮는 천을 통해 랍비는 집 주인에게 커보드 하브리요트에 대한 어떤 교훈을 가르쳐주었나요?

먼저 사람을 존중하라

어느 날 한 유대인이 자신의 안식일 저녁 식사에 유명한 랍비를 초대하였습니다. 그의 아내는 그 날 오후 내내 맛있는 음식을 준비하고 집을 구석구석 청소하며 손님을 맞을 준비를 하였습니다. 남편이 랍비와 함께 집으로 돌아왔습니다. 깔끔하게 정돈된 집과 테이블 위에 아름답게 놓여진 음식들은 모두 완벽해보였습니다.

위 사진은 19세기 독일에서 만들어진 할라 빵을 덮는 천입니다. 아래 사진은 18세기 독일에서 제작된, 포도주를 담는 키두쉬 잔입니다.

하지만 단 한 가지, 식탁에 빠진 것이 있었습니다. 바로 할라 빵 위에 천이 덮이지 않았던 것입니다. 이를 본 남편은 랍비가 보는 앞에서 아내에게 크게 화를 내며 천을 덮지 않은 것을 질책하였습니다.

아내의 얼굴이 부끄러움으로 빨개졌습니다. 그러자 랍비가 남편을 말리며 아내를 변호하였습니다.

> 친구여, 할라 빵 위에 천을 덮는 이유는 우리 마음을 지키기 위해서라는 것을 모르는가?
> 할라 빵이 자기 위에 손을 얹어 축복하기 전에 먼저 포도주에 키두쉬(안식일 저녁 식사 때에 자리에 앉기 전 포도주를 통해 하나님을 찬양하는 기도문 - 역자 주)를 읊는 것을 보면, 할라 빵이 얼마나 마음이 아프겠는가? 때문에 일부러 빵 위에 천을 덮어놓는 것이라네. 이 빵의 마음도 이리 신경을 쓰는데, 사람 마음은 이 빵보다 더 신경을 써야 하지 않겠는가?

❗ 생각해 봅시다

1. 랍비를 초대한 남자는 왜 아내에게 화를 내었나요?
2. 랍비를 통해 남자가 얻은 교훈은 무엇인가요?
3. 66페이지부터 67페이지에 있는 랍비 제브 울프와 무를 먹는 사람 이야기를 다시 읽어봅시다. 이 이야기와 어떤 점이 비슷한가요?

장애를 가진 사람을 존중하라

✓ 여러분 스스로 찾아보세요
신체적 장애를 가진 사람을 존중하고 그들의 권리를 지켜주라는 계명은 레위기 19:14에서 찾을 수 있습니다.

모세는 사실 말을 잘 하는 사람이 아니었음에도 유대 역사에서 가장 위대한 인물들 중 한 명이 되었습니다. 토라는 신체적 장애를 가진 사람의 권리를 지켜주라고 우리에게 가르치고 있습니다.

듣지 못하는 사람을 저주해서는 안 됩니다.

눈이 먼 사람 앞에 걸려 넘어질 것을 놓아서는 안 됩니다.

듣지 못하는 사람은 저주 하더라도 듣지 못하는데, 그들을 저주하는 것이 왜 잘못된 것일까요? 이러한 질문에 랍비들은 듣지 못하는 사람도 역시 하나님의 형상으로 창조된 사람이라고 답하고 있습니다. 만일 우리가 그들을 저주하면, 곧 하나님을 저주하는 것이라는 말입니다.

다음 이야기는 우리는 장애를 가진 사람도 존중해야 함을 가르쳐주고 있습니다. 다음 이야기를 읽고 다음 질문에 대답해보세요.

랍비 엘라이저 벤 야곱은 어떻게 장애인을 존중하라고 가르쳤나요?

랍비 엘라이저와 보지 못하는 손님

어느 날, 랍비 엘라이저 벤 야곱은 저녁 시간을 맞아 파티를 열었습니다. 손님들 중에는 앞을 보지 못하는 시각장애인도 한 명 있었습니다. 이 손님에게 존중을 보이기 위해, 엘라이저는 특별히 좋은 자리를 그에게 허락해주었습니다.

집 주인이 시각장애인을 깊이 존중하는 모습을 보이자, 다른 사람들도 그 사람을 존중해주기 시작했습니다. 두 눈으로 볼 수는 없었지만, 그 손님 역시 엘라이저가 자신을 위해 한 일을 알고 있었습니다. 그는 랍비에게 깊이 감사하며, 이렇게 축복해주었습니다.

보일 수는 있으나 볼 수는 없는 사람에게 이토록 큰 사랑과 존경을 보여주셨군요.

보실 수는 있으나 보이지는 않으시는 분께서 당신을 사랑하시고 존중하실 것입니다.

❗ 한 번 더 생각해 봅시다

1. 랍비들에 따르면, 듣지 못하는 사람에게 저주를 하면 안 되는 이유는 무엇인가요?
2. 장애를 가진 사람을 무례하게 대하면 안 되는 이유는 무엇일까요?
3. 위 이야기에서, '보일 수는 있으나 볼 수는 없는 사람'은 누구일까요? '보실 수는 있으나 보이지는 않으시는 분'은 누구일까요?
4. 장애를 가진 사람에게 커보드 하브리요트를 실천하는 두 가지 방법을 말해보세요.

지도자조차도 커보드 하브리요트를 실천해야 한다

위의 두 이야기에서 랍비들은 자신의 영향력과 권위를 통해 다른 사람들에게 커보드 하브리요트에 대한 교훈을 가르쳐주었습니다. 하지만 유대 역사를 통틀어보면, 매우 유명한 랍비라도 자기가 가진 힘을 잘못된 방식으로 사용한 예 또한 있습니다.

이 유명한 랍비가 커보드 하브리요트를 보이지 못하는 모습을 보고 다른 랍비들은 그를 존중하지 않았습니다. 다음 이야기를 읽고, 다음 질문에 대답해보세요.

라반 가말리엘 2세가 랍비 여호수아에게 커보드 하브리요트를 실천하지 않자 어떤 일이 일어났나요?

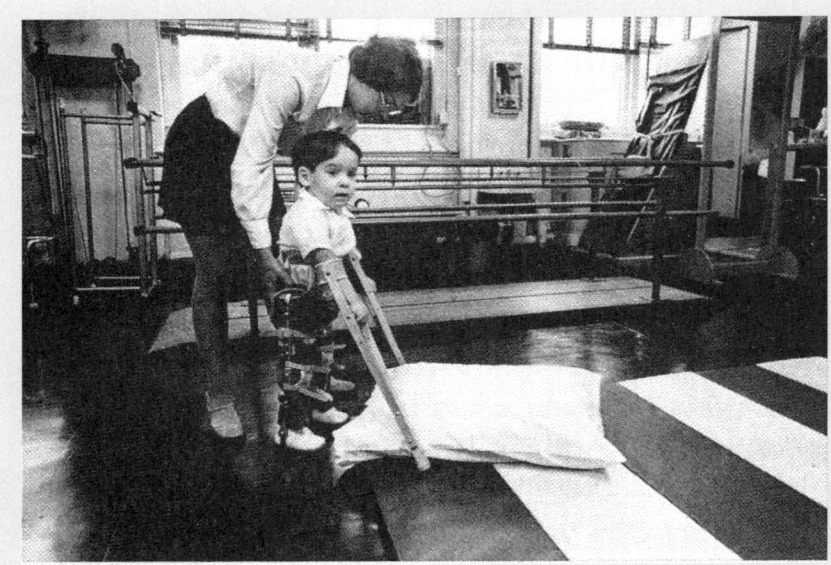

태어날 때부터 장애를 가지고 태어난 소년이 걷는 법을 배우고 있습니다.

라반 가말리엘과 커보드 하브리요트

아주 먼 옛날, 이스라엘의 최고 회의인 산헤드린 회의가 야브네라는 도시에서 열리게 되었습니다. 산헤드린의 최고의장은 다른 랍비들보다 더 높다는 의미에서 '라반'이라는 칭호가 붙었습니다. 라반은 산헤드린 회의에서 최고의 위치에 있었을 뿐만 아니라, 유명한 야브네 학당의 학장이기도 하였습니다.

그 당시 산헤드린의 최고판사는 랍비 여호수아였습니다. 여호수아는 라반이었던 가말리엘의 말에 언제나 동의한 것은 아니었지만, 최대한 그의 결정을 따르려 하였습니다.

어느 날, 학생들이 랍비 여호수아에게 모든 유대인들이 저녁 기도를 해야 하는지 물었습니다. 여호수아는 기도를 하면 좋으나 꼭 해야만 하는 것은 아니라고 답하였습니다.

　이 소식을 들은 가말리엘은 자신이 가진 힘을 사용해 여호수아를 가르치기로 마음먹었습니다. 다음 회의가 열리자, 가말리엘은 유대인이라면 반드시 저녁 기도를 해야 한다는 자신의 결정을 발표했습니다. 그리고는 랍비 여호수아에게 이 결정에 동의하는지 말하도록 하였습니다.

　여호수아는 솔직히 이 결정에 동의하지는 않으나, 가말리엘의 결정에 따르겠다고 말하였습니다. 그러나 여전히 만족하지 못한 가말리엘은 그를 회의장 밖으로 쫓아내 회의가 끝날 때까지 밖에 나가 서 있도록 하였습니다.

　이 모습을 본 다른 랍비들은 속으로 울분을 삼켰습니다. 그 날 회의가 끝나고 가말리엘이 자리를 떠나자, 산헤드린의 랍비들은 따로 모여 가말리엘을 벌하기로 하였습니다.

　그를 산헤드린 회의의 최고의장 자리에서 쫓아내고, 야브네 학당의 학장 자리에서도 쫓아내기로 한 것입니다. 라반 가말리엘은 이 결정을 듣자, 랍비 여호수아에게 찾아가 커보드 하브리요트를 보여주지 못한 것에 대해 사과하였다고 합니다.

　비록 가말리엘은 최고의장의 자리에서 내려왔지만, 전 의장으로서의 명예는 지킬 수 있었습니다.

토라는 우리에게 장애를 가진 사람들의 권리를 지켜야 한다고 가르칩니다.

⚠ 한 번 더 생각해 봅시다

1. 라반 가말리엘은 어떻게 랍비 여호수아에게 커보트 하브리오트를 실천하지 못했나요?
2. 라반 가말리엘이 랍비 여호수아를 대한 것처럼 학생들을 대하는 선생님의 이야기를 만들어보세요.

제10장

כְּלָל יִשְׂרָאֵל

Klal Yisrael

커랄 이스라엘

커랄 이스라엘 כְּלָל יִשְׂרָאֵל은 '유대인은 어디에나 있다'라는 뜻입니다. 크네세트 이스라엘 כְּנֶסֶת יִשְׂרָאֵל(이스라엘의 모임), 베이트 이스라엘(이스라엘의 집), 암 이스라엘(이스라엘 백성) 등 유대인 공동체를 부르는 이름은 다양합니다. 이러한 이름들 중 하나인 '커랄 이스라엘 כְּלָל יִשְׂרָאֵל'은 우리 각자는 다른 사람들이더라도, 많은 것들을 공유하는 하나의 공동체라는 것을 온 세상에 선포하는 이름입니다.

커랄 이스라엘은 다름을 잊고 하나의 목표를 향해 함께 나아가자는 의미입니다.

어디에 있든지, 어디에 살든지 유대인들은 이스라엘 나라를 돕고 도움이 필요한 다른 유대인들을 돕기 위해 격려와 능력과 재산과 마음을 아끼지 않습니다.

'이스라엘 יִשְׂרָאֵל'이라는 단어를 히브리어로 써 보시면, 히브리어 알파벳 중에서도 가장 작은 알파벳인 '요드'로 시작하여 가장 큰 알파벳인 '라메드'로 끝나는 것을 알 수 있습니다. 그 이유는 무엇일까요?

어떤 사람들은 그 이유로 커랄 이스라엘의 모든 구성원이 작은 어린 아이일지라도 공동체에서 매우 중요한 사람이 될 기회가 있기 때문이라고 말합니다. 커랄 이스라엘의 구성원으로서 유대인 한 사람 한 사람은 공동체 내에서 '우리'라는 이름으로 하나가 될 수 있는 한 이스라엘은 최고가 될 수 있으리라는 용기를 가집니다.

여러분 스스로 찾아보세요

새로운 지도자를 선택해달라고 간구하는 모세의 기도가 민수기 27:15-17절까지 나와 있습니다. 하나님께서는 이스라엘의 새로운 지도자로 여호수아를 선택하셨습니다.

유대인들은 자기 자신에게 필요한 것보다 커랄 이스라엘 공동체에 필요한 것을 먼저 생각하는 사람들입니다. 성경 속 이야기를 살펴봅시다. 하나님께서는 모세에게 이스라엘 땅에 들어가기 전 모세가 세상을 떠날 것이라고 말씀하셨습니다. 이 때 모세는 하나님 어떻게 저에게 이러실 수 있습니까하며 하나님께 불평하지 않았습니다.

> 나는 공동체에서 매우 중요한 사람입니다.
> 어떻게 저에게 이렇게까지 하실 수 있습니까?

모세가 먼저 걱정한 것은 바로 이스라엘 공동체였습니다. 그래서 모세는 이렇게 기도하였습니다.

> 백성들이 목자 없는 양떼와 같이 되지 않도록 저를 대신할 새로운 지도자를 세워주십시오.

본 장에서는 토라를 통해, 하나님을 통해 커랄 이스라엘의 모든 구성원들이 어떻게 서로 연결되어있는지 공부할 것입니다.

⭐ 우리가 배우게 될 새로운 교훈
1. 한 명의 유대인이 할 수 없는 일을 커랄 이스라엘은 해낼 수 있습니다.
2. 유월절 하가다 이야기에 등장하는 인물가운데 악한 아들은 커랄 이스라엘에서 스스로 벗어난 사람들을 뜻합니다.

커랄 이스라엘: 유대인은 하나 되어 함께 일합니다

혼자 힘으로 할 수 없는 일이지만, 다른 친구와 함께라면 할 수 있는 일이 얼마나 많은지 아시나요? 혼자서는 할 수 없는 일도 함께라면 해낼 수 있습니다. 바로 커랄 이스라엘이라는 이름의 배경입니다. 유대교 전통과 오늘날 세계에서 커랄 이스라엘이라는 이름이 가지는 의미에 대해 다음의 이야기를 읽고, 다음 질문에 대답해보세요.

(a) 커랄 이스라엘의 구성원과 토라의 알파벳은 어떤 공통점이 있나요?
(b) 커랄 이스라엘로 하나 된 유대인은 어떤 일을 할 수 있나요?

커랄 이스라엘과 토라의 60만 글자
아주 오래 된 시구 한 구절을 읽어보면 이런 말이 있습니다.

יִשְׂרָאֵל וְאוֹרַיְתָא חַד הוּא

이스라엘과 토라는 하나이다.

그 이유는 무엇일까요?

✓ 여러분은 이런 이야기를 들어보셨나요
"토라에는 60만개의 글자가 있다"를 히브리어로 쓰면 다음과 같습니다.

יֵשׁ שִׁשִּׁים רִבּוֹא אוֹתִיוֹת לַתּוֹרָה.

이 문장에서 각 단어의 머리글자 (첫 글자)를 따서 두문자어로 된 한 단어를 만들어 보면 이상하게도 '이스라엘 '이라는 단어가 됩니다.

전통에 따르면 토라의 글자 수가 총 60만 개인 것처럼, 이집트에서 탈출한 이스라엘 백성들의 수도 60만 명이었다고 합니다.

토라의 글자 하나하나가 모든 유대인들을 뜻하는 것입니다. 토라의 60만 글자 중에서 하나라도 빠지면 토라 전체가 달라집니다. 토라의 글자 하나하나가 모두 중요하듯이, 유대인들도 각자가 중요한 역할을 맡고 있다는 것입니다.

커랄 이스라엘, 뭉치면 큰일을 해낼 수 있습니다

서로가 너무나 다른, 전 세계의 수많은 유대인들이 하나라는 사실은 피부로 느껴지는 것처럼 생생하게 다가오지 못할지도 모릅니다. 유대인들은 전 세계에 퍼져있고, 각자 따르는 전통도 제각기 다릅니다. 미국에서만 해도 서로 다른 유대인 공동체들이 서로 다른 각자의 전통을 지키고 있습니다.

어떤 유대인은 다른 사람들보다 부유하기도 하고, 또 어떤 유대인들은 다른 유대인들보다 더 똑똑하기도 합니다. 같은 지역에 사는 유대인들조차도 때로는 그들이 관심을 가지는 것에만 집중하는 나머지, 자기와 다른 유대인들이 겪는 어려움에는 신경을 쓰지 않기도 합니다.

하지만 유대인들은 어려운 상황을 맞을 때마다, 그 어디에 있든지 자신이 커랄 이스라엘의 구성원이라는 사실을 기억합니다. 우리를 다른 사람으로 구별하고 갈라놓는 다름을 잠시 잊고 하나가 되어 문제를 해결하는 것입니다.

커랄 이스라엘의 힘은 이미 이스라엘 국가의 역사를 통해 여러 번 증명되었습니다. 나라가 세워질 때, 돈을 낼 수 있는 사람들은 돈을 내었고

돈이 없는 사람들은 자기 능력으로 건국을 도왔습니다. 그 어디에 있든지, 전 세계의 유대인들은 그들이 있는 그 자리에서 격려를 아끼지 않았습니다.

오늘날 커랄 이스라엘은 미국에서, 이디오피아에서, 유대인 공동체가 있는 곳이라면 그 어디에서나 도움이 필요한 유대인들에게 도움의 손길을 건네고 있습니다.

🔔 한 번 더 생각해 봅시다
1. 커랄 이스라엘의 구성원인 유대인과 토라의 글자의 공통점은 무엇인가요?
2. 유대인들은 언제 커랄 이스라엘로 하나가 되었음을 느끼나요? 여러분이 커랄 이스라엘의 구성원임을 보여주는 방법은 무엇이 있을까요?

악한 아들과 커랄 이스라엘

여러분이 유대교 교육을 처음 시작할 때 배운 힐렐의 유명한 말 한 마디를 기억하시나요?

내가 나를 돕지 않는다면 그 누가 날 도울 것인가?
내가 내 자신만을 도우면, 나는 무엇이 되는가?

여러분은 이 교훈과 함께 힐렐의 다른 교훈도 함께 배웠을 것입니다.

공동체에서 떠나지 말라.

아래 이야기에서 유대인 가운데 유월절 하가다를 지키지 않은 악한 아들이 자기 이기심 때문에 공동체에서 빠져나오게 된 이야기를 배우게 될 것입니다.

다음 이야기를 모두 읽고, 다음 질문에 대답해보세요.

지혜로운 아들과 달리 악한 아들은 어떻게 커랄 이스라엘에서 떨어져 나오게 되었나요?

지혜로운 아들과 악한 아들

매년마다 유월절이 되면 우리는 네 아들의 이야기를 읽습니다. 첫 번째 아들은 지혜로운 아들입니다. 이 지혜로운 아들은 유월절 준비를 위해 이리저리 분주하게 움직이는 사람들을 보고 궁금증이 생겼습니다.

우리 주 하나님이 지키라고 명령하신 율법과 규칙들은 무슨 의미가 있나요?

지혜로운 아들은 부모님께 물었습니다. 이 지혜로운 아들은 왜 '우리 주 하나님'이라고 말한 것일까요? 바로 스스로를 커랄 이스라엘 공동체의 구성원이라고 생각했기 때문입니다. 더 나아가, 이 아들은 부모님에게 유월절 계명을 어떻게 지킬 수 있을지 가르쳐달라고 부탁한 것입니다.

또 다른 아들은 바로 악한 아들입니다. 이 아이는 위의 지혜로운 아들과는 달랐습니다. 악한 아들이 부모님께 물어본 유월절 계명에 대한 질문에는 진심이 담겨있지 않았습니다. 사실 마음속으로는 스스로 답을 찾았기 때문이었습니다. 악한 아들은 유월절을 준비하는 것이 그저 다른 사람들을 위해 귀찮은 일거리를 만드는 것이라고 생각했습니다.

'달리기'는 좋은 취미활동임과 동시에 유대인들이 다른 나라에 살고 있는 유대인들을 지원하는 좋은 방법이기도 합니다. 뿐만 아니라 달리기는 다른 사람들의 시선을 다른 나라에 살고 있는 유대인에게 집중시키는 효과를 가지고 있습니다.

이토록 바쁘게 유월절을 준비하는 게 아버지께 무슨 의미가 있나요?

악한 아들은 이렇게 말했습니다. 하나님의 이름을 말하지 않고 도리어 계명이 자신에게 아무런 의미가 없다는 것을 강조한 이 악한 아들은 결국 스스로 커랄 이스라엘에서 빠져나오고 만 것입니다.

옛 랍비들에 따르면, 이 악한 아들은 율법의 의미가 진실로 궁금해서 부모님께 질문한 것이 아니었습니다. 그렇기 때문에 질문의 대답(율법의 의미)을 들을 자격이 없었던 것입니다. 랍비들은 만일 이 악한 아들이 이집트에서 노예가 되었더라도 하나님께서는 그를 구원해 줄 마음이 들지 않았을 것이라고 가르치고 있습니다.

다시 한 번 생각해봅시다
1. 악한 아들의 질문이 지혜로운 아들의 질문과 다른 점은 무엇인가요?
2. 여러분이라면 악한 아들의 질문에 어떤 대답을 해줄 수 있을까요?
3. 위의 악한 아들과 같이 스스로 이스라엘 공동체에서 벗어난 사람도 커랄 이스라엘에 돌아오도록 해야 할까요? 여러분의 생각을 말해보세요.

여러분은 이런 이야기를 들어보셨나요

많은 유대인 기관들이 커랄 이스라엘의 구성원으로서 일하고 있습니다. 모든 유대인 공동체에는 아이들을 가르치고, 병원을 운영하며, 어려운 사람들을 돕는 모임을 운영하고 있습니다. 이런 일들은 하나의 이스라엘, 즉 커랄 이스라엘이 아니고서는 할 수 없는 일들입니다.

제11장
מְדִינַת יִשְׂרָאֵל
Medinat Yisrael
머디나트 이스라엘

머디나트 이스라엘 מְדִינַת יִשְׂרָאֵל 이란 '이스라엘 국가'를 뜻하는 말입니다. 머디나트 이스라엘은 유대인들이 약속의 땅인 에레쯔 이스라엘 אֶרֶץ יִשְׂרָאֵל 을 빼앗긴 지 약 1,900년 후인 1948년 5월 14일 건국되었습니다.

위 그림의 국기는 1948년부터 지금까지 독립국가인 머디나트 이스라엘 전 지역에서 펄럭이고 있습니다.

이집트와 시리아가 머디나트 이스라엘을 기습 공격한 '대속죄일 전쟁' 때 이스라엘의 총리 골다 마이어 (Golda Meir)가 기자회견을 하고 있습니다. 이 전쟁은 이스라엘 역사의 슬픈 역사 가운데 하나입니다.

머디나트 이스라엘의 독립선언은 다음과 같이 선포하고 있습니다.

이스라엘의 땅에 유대인들의 나라를 세운다.

이 선언문은 약속의 땅, 에레쯔 이스라엘에 살았던 유대인들의 역사를 언급하며 시작합니다. 어디에 있든지, 어디에 살든지 유대인들은 언제나 에레쯔 이스라엘을 특별히 사랑했다는 것을 말해주고 있는 것입니다. 더 나아가 유대인 선구자들이 어떻게 이 약속의 땅으로 돌아오게 되었는지, 이 땅을 어떻게 회복시켰는지, 잊어진 언어였던 히브리어를 어떻게 다시 일상 언어로 회복하였는지를 설명하고, 수백만 명의 유럽 유대인들이 죽임을 당한 홀로코스트에 대해 말합니다. 만일 유대인들의 국가가 있었더라면, 홀로코스트와 같은 끔찍한 일이 벌어지지도 않았을 것이라며 말입니다.

머디나트 이스라엘을 건국하고 이 독립선언문에 서명을 한 두 사람이 있습니다. 바로 다비드 벤구리온(David Ben-Gurion)과 골다 마이어(Golda Meir)입니다.

본 장에서는 이 두 명의 국부가 자기 삶을 머디나트 이스라엘의 건국과 유지에 헌신한 이야기를 배울 것입니다.

⭐ 우리가 배우게 될 새로운 교훈
1. 다비드 벤구리온은 머디나트 이스라엘의 뛰어난 지도자였습니다.
2. 골다 마이어는 평화의 사자로서 머디나트 이스라엘의 역사에 한 획을 그었습니다.

다비드 벤구리온

1886년 태어난 다비드 그루엔은 폴란드에서 어린 시절을 보냈지만 유대인들이 에레쯔 이스라엘을 회복시켜야 한다고 굳게 믿은 사람이었습니다. 1900년, 14세가 되던 해에 에레쯔 이스라엘로 돌아가도록 촉구하는 청년회를 설립하는 데에 도움을 주기도 하였던 그는 20세가 되자 직접 에레쯔 이스라엘 땅으로 들어가 그곳에서 그의 이름을 '구리온의 아들'이라는 뜻을 가진 히브리어 이름 '벤구리온'으로 바꾸었습니다.

머디나트 이스라엘을 건국하고 새로운 나라를 이끈 다비드 벤구리온의 이야기를 읽고 다음의 질문에 대답해보세요.

위 사진은 세계 1차 대전 당시 어린 다비드 벤구리온입니다. 유대인 부대의 군복을 입고 있는 것을 볼 수 있습니다. 오른쪽 사진은 30년 후, 테오도르 헤르츨의 사진 아래에서 머디나트 이스라엘의 독립을 선언하는 다비드 벤구리온의 모습입니다.

벤구리온은 어떻게 머디나트 이스라엘을 건국하도록 도왔나요?

벤구리온은 어떻게 머디나트 이스라엘을 건국하였나요

벤구리온이 에레쯔 이스라엘에서 처음으로 얻은 직장은 바로 두 명의 유대인이 운영하고 있던 오렌지 농장과 포도주 저장고였습니다. 그는 유대인의 고향은 유대인 노동자들의 필요로 세워져야 한다고 믿었습니다. 그 때에 이스라엘 땅은 터키가 소유하고 있었습니다.

세계 1차 대전이 일어나자, 벤구리온은 영국이 유대인의 고향을 회복하자는 운동을 지원하러 왔음을 알게 되었습니다. 그는 영국인들에게 이스라엘 땅을 터키인들의 지배에서 해방시킬 유대인 부대를 만들 수 있도록 지원해달라고 부탁하였습니다. 유대인 부대가 만들어지자마자 그는 이 부대에 입대하였습니다. 얼마 지나지 않아 영국은 이스라엘 땅과 중동 지역을 점령하였습니다.

처음에 영국은 에레쯔 이스라엘을 두 개로 나누어 한 편은 아랍인들에게, 또 한 편은 유대인들에게 주려고 하였습니다. 벤구리온은 이 계획에 동의하였습니다. 그러나 아랍인들은 에레쯔 이스라엘에 유대인의 국가를 세우는 것이 좋은 생각이 아니라며 영국을 설득하였습니다.

아돌프 히틀러가 독일에서 권력을 잡게 되자, 그는 유대인들을 괴롭히고 죽이기 시작하였습니다. 하지만 영국은 유럽에 남은 유대인들을 에레쯔 이스라엘로 돌아갈 수 있도록 도와 주지는 않았습니다. 소수의 유대인들만이 입국할 수 있을 뿐이었습니다.

제11장 머디나트 이스라엘

예루살렘에 위치한 크네세트는 머디나트 이스라엘의 국회입니다. 머디나트 이스라엘의 수장은 크네세트 의원 대다수의 지지를 받아 선출될 수 있습니다.

세계 2차 대전이 끝나자, 벤구리온은 에레쯔 이스라엘에 살고 있는 유대인들에게 영국이 전쟁에서 승리할 수 있도록 도와야 한다고 설득하였습니다. 동시에 유대인의 입국을 제한하는 영국에 대항하기도 하였습니다. 그는 영국에게 최대한 많은 유대인 난민들을 몰래 에레쯔 이스라엘로 입국시킬 것을 제안하였습니다.

전쟁이 끝난 후에도 영국은 홀로코스트에서 살아남은 유럽의 유대인들이 에레쯔 이스라엘로 돌아오는 것을 제한하였습니다. 벤구리온은 전쟁으로 집을 잃고 이스라엘 땅에 들어오지도 못하는, 갈 곳 없는 유대인 난민들의 캠프를 방문하였습니다. 그 곳에서 그는 때가 되면 모든 난민들이 에레쯔 이스라엘로 돌아오도록 할 것이며, 유대인의 나라를 세우는 데에 온 힘을 쏟을 것이라고 약속하였습니다.

수년이 지나지 않아 영국은 에레쯔 이스라엘의 지배를 포기하였습니다. 1947년 11월 29일, 국제연합 UN은 에레쯔 이스라엘을 아랍국가와 유대국가로 나누는 데에 합의하였습니다. 그러자 얼마 지나지 않아 유대인들에게 반발하는 아랍인들의 폭력사태가 일어났습니다. 독립전쟁이 시작된 것입니다.

벤구리온은 자금과 군대를 모았을 뿐만 아니라, 군사 고문을 소집하여 전쟁을 대비하였습니다. 1948년 5월 14일 영국군이 에레쯔 이스라엘에서 철수하고 머디나트 이스라엘의 건국이 선포되자, 벤구리온은 이스라엘의 초대 총리이자 초대 국방장관이 되었습니다. 그는 또한 이스라엘 노동운동을 주도한 지도자들 중 한 명이기도 하였습니다.

벤구리온은 건국 이후 거의 15년간 이스라엘의 수상으로 재직하였으며, 1973년에 세상을 떠났습니다. 미국에서 많은 국민들에게 사랑을 받은 대통령의 생가가 유명한 관광 명소가 되듯이, 오늘날 많은 사람들이 브엘세바 남부 네게브에 위치한 그의 생가에 찾아가곤 합니다.

❗ 한 번 더 생각해 봅시다

1. 다비드 벤구리온이 머디나트 이스라엘을 건국하기 위해 한 일을 세 가지 말해보세요.
2. 다비드 벤구리온이 이름을 바꾼 이유는 무엇이라고 생각하나요?
3. 여러분이 머디나트 이스라엘에 살게 되었다면, 여러분이 바꾸고 싶은 히브리어 이름은 무엇인가요?

골다 마이어

골다 마이어는 1956년 머디나트 이스라엘의 외무부 장관이 된 뛰어난 여성입니다. 1898년 러시아에서 마보비치 집안의 딸로 태어난 그녀의 이름은 처음에는 '골디'였습니다.

어렸을 때 골디는 포그롬(Pogrom)이라 불리는 러시아인들의 유대인 집단학살 현장에서 살아남아야 했으며, 이 경험으로 인해 유대인들만의 나라가 필요하다는 것을 절실히 깨닫게 되었습니다.

골다 마이어가 어떻게 이 꿈을 현실로 만들었는지에 대해 다음 이야기를 읽고 아래 질문에 대답해보세요.

머디나트 이스라엘을 건국하고 이끄는 데에 골다 마이어가 맡은 역할은 무엇이었나요?

골다 마이어, 평화의 사자

골다가 여덟 살이 되던 때에, 가족들은 가난과 핍박을 피해 러시아를 떠나 미국 위스콘신 주의 밀워키라는 도시로 이주하였습니다. 그러나 어린 골다는 유대인이 밟고 살아가야 할 땅이 어디인지 잘 알고 있었습니다. 23세가 되던 해에, 그녀는 남편인 모리스 메이어슨과 함께 에레쯔 이스라엘로 이주하였습니다. 이내 그녀는 다비드 벤구리온이 설립을 도와준 노동운동에서 활발한 활동을 하게 되었습니다.

머디나트 이스라엘이 건국되기 4일 전, 유대인과 아랍인들이 전쟁을 벌이던 때였습니다. 골다 마이어에게 위험한 임무가 주어졌습니다. 비밀리에 국경을 건너 요르단 왕 압둘라를 만나야 했던 것입니다. 임무 중에 다른 아랍인들에게 붙잡히게 되면 죽임을 당하게 될 것이 분명했습니다. 유대인임을 들키지 않기 위해 그녀는 아랍 여성으로 변장하고 국경을 건넜습니다.

여러분은 이런 이야기를 들어보셨나요

언젠가 골다는 이렇게 말하였다고 합니다. "이스라엘의 적이 지은 가장 큰 죄는 이스라엘 병사들을 죽인 것이 아니라, 유대인들에게 적을 죽이는 법을 알려준 것이다."

골다의 임무는 요르단 국왕이 다른 아랍 국가들과 연합하여 머디나트 이스라엘을 공격하지 않도록 설득하는 것이었습니다. 하지만 안타깝게도 요르단은 이 연합에 가입하여 다른 아랍 국가들과 함께 이스라엘을 공격하였습니다.

새로운 국가와 새로운 정부에서, 골다 마이어는 소련의 수도인 모스크바에서 첫 번째 주 모스크바 이스라엘 대사가 되었습니다. 소련은 모든 종교 활동을 억압하던 나라였습니다. 하지만 골다가 모스크바에 온다는 소식이 모스크바에 살던 유대인들에게 퍼지자, 유대인들은 대속죄일에 모스크바 대회당에 모였습니다. 이후 골다는 일생동안 러시아 유대인들이 처한 상황을 걱정하였다고 합니다.

1969년, 골다 마이어는 이스라엘의 네 번째 총리가 되었습니다. 총리가 된 그녀는 아랍 국가들과의 평화를 이루기 위하여 노력하였습니다. 그러나 1973년 대속죄일, 이집트와 시리아는 머디나트 이스라엘에게 기습 공격을 가하였습니다. 평화를 이루려던 그녀의 숙원은 그렇게 무너지고 말았습니다.

1977년, 이집트의 안와르 사다트 대통령이 이스라엘을 방문할 때 골다 마이어는 더 이상 총리실에 있지 않았습니다. 하지만 그녀는 이집트 대통령을 직접 만나 평화의 메시지를 전하였습니다. "할머니로서, 할아버지에게, 이 선물을 드립니다"라 말하며 사다트 대통령의 첫 번째 손자의 생일을 축하하는 선물을 주기도 하였습니다.

1978년 골다 마이어가 세상을 떠날 때에야 그녀가 수년간 병을 앓았다는 사실이 세상에 알려졌습니다. 아랍 여인으로 변장한 채 목숨을 걸고 요르단 국경을 건너던 그녀의 용기는 수십 년 후에도 그녀가 아무도 모르게 질병과 고통을 견딜 수 있도록 한 것입니다.

ⓘ 한 번 더 생각해 봅시다

1. 골다 마이어의 가장 뛰어난 점은 무엇이라고 생각하나요?
2. 골다 마이어는 왜 러시아 유대인들에게 특별한 관심을 기울였나요?
3. 골다 마이어가 요르단의 압둘라 왕을 만난 일과 이집트의 사다트 대통령을 만난 일을 비교해보세요. 두 만남의 차이는 무엇일까요?

제12장

מִנְיָן

Minyan
민얀

공공 기도 예배를 드리기 위해 필요한 사람의 최소의 수를 민얀 מִנְיָן 이라고 합니다. 어떤 기도문은 이 민얀이 충족되지 않으면 읽을 수 없습니다. 민얀은 '수를 헤아림'이라는 뜻입니다.

민얀을 채울 수 있는 것은 아홉 명의 랍비가 아니라 열 명의 신발가게 아저씨입니다.

미국 국회에서는 충분한 수의 국회의원이 자리에 참석하지 아니하면, 즉 정족수를 채우지 못하면 법을 통과시킬 수 없습니다. 마찬가지로, 유대교의 기도문들도 정족수, 즉 '민얀'이 채워지지 못하면 기도문을 읽을 수 없습니다.

여러분의 학교에도 학생회가 있나요? 아마 있을 것입니다. 학교생활에 관련된 여러 일들을 각 학급의 대표들이 모여 투표하고, 결정하는 기구가 바로 학생회입니다.

이 학생회의 회의에서도 충분한 수의 대표들이 참석하지 않으면, 즉 정족수가 채워지지 않으면 투표를 할 수 없다는 규칙이 있을 것입니다. 민얀 מנין은 이와 같이 유대교에서 행하는 기도 예배에 필요한 정족수라고 할 수 있습니다.

본 장에서는 유대교에서 중요하게 여기는 가치들로 인해 기도문에 정족수, 즉 민얀이 필요하게 되었다는 것을 배우게 될 것입니다. 또한 먼 옛날 민얀을 채웠던 열 번째 사람에 대한 두 개의 전설을 읽고 교훈을 얻고자 합니다.

★ 우리가 배우게 될 새로운 교훈
1. 민얀을 채워야 한다는 생각은 유대교에서 중요하게 여기는 가치들과 연결되어 있습니다.
2. 전설에 따르면, 유대교 역사의 위대한 인물들이 민얀을 채우기 위해 이 땅에 내려오기도 하였습니다.

민얀과 유대교의 가치

정통주의 유대교 공동체의 민얀은 13세 이상의 성인 남성 열 명입니다. 반면 다수의 보수주의 교단과 개혁교단의 공동체의 회의에서는 민얀의 수를 유대교 성인식을 거친 남녀 열 명으로 정하고 있습니다.

개혁교단의 공동체의 경우, 기도를 하고자 하는 사람이 있으면 그 수에 상관없이 민얀이 충족되었다고 여깁니다. 민얀의 수를 어떻게 생각하는

지는 각자 다르지만, 모두 민얀과 관련된 가치를 매우 존중합니다.

다음 이야기를 읽고, 다음의 질문에 대답해보세요.

민얀은 유대교의 기본 가치와 어떤 관련이 있나요?

민얀과 네 가지 중요한 가치

유대교 전통에서는 하나님의 거룩하심, 커랄 이스라엘, 사람의 가치, 그리고 개인의 성장 네 가지의 가치가 민얀과 관련이 있다고 합니다.

하나님의 거룩하심 모든 유대인들은 하나님의 거룩하심을 찬양하는 유대교 예배 중 일부가 매우 특별하기 때문에, 모든 공동체 인원이 모여 함께 기도하여야 한다는 믿음을 가지고 있습니다. 따라서 전통적인 유대인들은 하나님의 거룩하심을 찬양하는 기도문들은 민얀이 충족되지 않으면 아예 사용하지 않습니다. 카디쉬 קדיש 와 커두샤 קדשה 가 바로 이러한 기도문들입니다.

커랄 이스라엘 인생을 살아가면서, 때로는 이런 말을 들어볼 때가 있었을 것입니다.

이스라엘의 모든 사람들은 서로서로에게 책임이 있다.

만일 여러분의 공동체 사람들이 사랑하는 사람을 잃는다면, 어떤 일이 일어날지 생각해보세요. 사람들은 회당으로 가거나 친척 집으로 찾아가 사랑하는 사람을 잃은 사람의 친척들과 친구들과 함께 예배드릴 것입니다. 그러므로 민얀은 커랄 이스라엘과 공동체의 중요성을 보여준다고 할 수 있습니다.

다음에 나오는 유대교 전설들에는 민얀을 채우기 위해 때맞춰 나타난 한 신비로운 노인에 대하여 말해주고 있습니다. 첫 번째 전설에 나오는 나그네는 선지자 엘리야로 변하였으며, 두 번째 전설에 나오는 열 번째 예배자는 다름 아닌 우리의 조상 아브라함이었습니다.

사람의 가치 "민얀을 채울 수 있는 것은 아홉 명의 랍비가 아니라 열 명의 신발가게 아저씨이다."라는 말에 대해 생각해봅시다.

민얀이 모두 채워지면, 그 구성원이 얼마나 똑똑한 지, 얼마나 믿음이 깊은지, 얼마나 부유한지는 상관이 없습니다. 모두 똑같은 가치를 가진 사람이기 때문입니다. 민얀은 모든 사람이 가치 있는 사람이라는 사실을 우리에게 가르쳐줍니다.

개인의 성장 모든 유대인들은 13세가 지나면 새로운 책임을 가지게 됩니다. 민얀의 수를 채울 수 있을 만큼 나이가 들었다는 것은 곧 여러분이 성장했다는 뜻이기도 합니다.

🅘 생각해 봅시다

1. 카디쉬 기도문을 읊기 전 먼저 민얀이 채워져야 하는 이유는 무엇인가요?
2. 여러분이 성인식을 치르면 민얀을 채울 수 있는 나이가 된 것입니다. 민얀을 통해서 어떻게 다른 사람들을 돕고 여러분의 가치를 보여줄 수 있을까요?

민얀을 채우는 명예

전통적으로 유대인들은 민얀의 수를 채우는 것을 책임이자 동시에 명예로 생각하였습니다. 하지만 언제나 열 명이라는 수를 채울 수 있는 것은 아니었습니다. 몇몇 전설들에 따르면, 민얀은 이해할 수 없는 신비한 방법으로 채워지기도 했다고 합니다.

다음 두 전설들을 읽고 다음 질문에 대답해보세요.

민얀에 대하여 아래에 나오는 전설적인 이야기들의 공통점은 무엇인가요?

열 번째 예배자

수백 년 전, 예루살렘에 몇 명의 유대인들이 살고 있었습니다. 대속죄일 저녁, 콜 니드레이 כָּל נִדְרֵי 기도문을 읽을 시간이 되었습니다. 하지만 기도문을 함께 읽을 사람이 한 명 부족했습니다. 민얀을 채울 수 있는 사람이 아홉 명밖에 모이지 않았기 때문이었습니다.

그 때, 아홉 명의 사람들과 그 가족들이 모인 회당에 갑작스레 한 노인이 들어왔습니다. 노인의 옷에는 먼지가 가득했습니다. 한 눈에 보아도 먼 거리를 여행하고 온 것이 눈에 보일 정도였습니다. 하지만 그 누구도 그 노인의 옷차림에 관심을 두지 않았습니다. 오히려 그 노인이 이 자리에 옴으로서 민얀이 채워지고, 기도문을 함께 드릴 수 있다는 사실에 기뻐했습니다. 기쁨을 표현하기 위해, 모임의 사람들은 그 노인에게 회당의 가장 좋은 자리를 내어주었습니다.

다음날 아침이 되자, 그 노인은 아침 일찍 회당에 도착했습니다. 사람들은 이번에도 그 노인에게 가장 좋은 자리를 내어주었습니다. 아홉 명의 예배자들은 모두 열 번째 예배자였던 그 노인을 자신의 집에 초대하여 대속죄일 다음날 아침을 대접하고 싶었습니다. 그러나 새해를 알리는 뿔 나팔이 울려 퍼지자, 그 노인은 온데간데없이 사라져버리고 말았습니다.

그 누구도 노인을 찾을 수 없었습니다. 그제서야 사람들은 민얀을 채워주었던 열 번째 예배자가 누구인지 깨달을 수 있었습니다. 바로 선지자 엘리야였던 것입니다. 그 날 이후로 그 공동체에서는 그 노인이 방문하였던 회당의 이름을 따로 정하고 그가 앉았던 의자를 오랫동안 지켰다고 합니다.

두 번째 전설은 아브라함과 그의 아내 사라, 이삭과 리브가, 야곱과 레아가 묻힌 묘지인, 헤브론 성에 위치한 막벨라 굴에 대한 이야기입니다. 옛날, 헤브론 성에는 몇 명의 유대인들이 살고 있었습니다. 그 모임의 수는 너무 적어 민얀을 모두 채울 수 없었습니다.

대속죄일 저녁이 되자, 헤브론 성에 사는 아홉 명의 성인 남자들이 회당에 모였습니다. 해가 지기 직전이 되자, 한 남자가 회당에 들어왔습니다. 오래된 낡은 옷을 입고, 길고 흰 빵을 든 채 등에 맨 가방에는 먼 길을 떠나는 사람이 챙길 만한 도구들이 담겨 있었습니다. 드디어 민얀을 채울 수 있게된 사람들은 기뻐하며 금식 기도가 시작되기 전에 그 남자에게 음식을 대접하였습니다. 좋은 옷도 함께 주어 갈아입을 수 있도록 하였습니다. 사람들이 그 나그네에게 이름을 물어보자, 나그네는 이렇게 답하였습니다.

제 이름은 아브라함입니다.

다음날 밤, 금식 기간이 끝나자 아홉 명의 예배자들은 이 열 번째 예배자를 집에 초대할 영광을 누릴 사람을 정하기 위해 제비뽑기를 하였습니다. 제비뽑기로 정해진 이 행운의 사나이는 아브라함과 함께 회당을 떠났습니다. 회당을 떠나고 나서 몇 분이 지나지 않은 때였습니다. 집 주인이 아브라함에게 말을 걸기 위해 고개를 돌렸지만, 아브라함은 이미 사라지고 없었습니다. 그 근처를 다 돌아보아도 더 이상 아브라함을 찾을 수 없었습니다.

손님을 잃어버리고, 다시 그 손님을 볼 수도 없다고 생각한 집 주인은 가족들과 함께 식사를 한 후 무거운 마음으로 잠이 들었습니다. 피곤함에 금세 잠이든 사내는 곧 꿈을 꾸게 되었습니다. 꿈속에서, 한 노인이 나타나 그에게 이렇게 말했습니다.

전통에 따르면, 아브라함과 사라의 무덤은 헤브론 근처에 있는 막벨라 굴에 있다고 합니다.

> 제가 누구인지 말해주도록 허락하시오. 저는 당신의 조상, 당신이 살고 있는 헤브론의 굴을 처음으로 산 사람, 바로 아브라함입니다. 헤브론의 유대인들이 대속죄일 날 민얀을 채우지 못하여 슬퍼하는 것을 보고 여러분에게 찾아갔던 것입니다. 제가 떠났다고 슬퍼하지 마십시오. 올해에는 헤브론 성에 사는 여러분에게 민얀을 함께 채워줄 좋은 사람이 나타날 것입니다."

❶ 한 번 더 생각해 봅시다

1. 위에서 읽은 두 전설에서 두 가지 공통점을 말해보세요.
2. 위에 나오는 두 전설 이야기에서 유대인들은 민얀을 소중하게 여긴다는 것을 어떻게 보여주었나요?

제13장

עֲלִיָה

Aliyah

알리야

알리야 עֲלִיָה는 유대인들이 약속의 땅인 에레쯔 이스라엘로 돌아오는 것을 뜻하는 말입니다. 히브리어로는 '올라감'이라는 뜻이며, 알리야를 한 유대인은 올림 עוֹלִים, 즉 올라간 사람이라고 부릅니다. 토라를 낭독하는 사람으로 선택되는 것 역시도 알리야라고 부릅니다.

매년 수천 명의 유대인들이 에레쯔 이스라엘로 이주(알리야)합니다.

영국은 1947년 유대인 피난민들을 태운 '엑소더스' 호를 공격하였습니다. 에레쯔 이스라엘을 향해 엑소더스 호를 탄 올림들은 수도관과 물병, 지팡이, 음식이 담긴 병을 가지고, 스스로를 지키기 위해 간단한 무기를 들고 있었습니다.

여러분이 이스라엘 대도시의 큰 거리를 걷고 있다고 생각해보세요. 여러분이 만나는 사람들은 모두 다른 사람들이랍니다. 얼굴도 다르고, 입은 옷도 다르지요. 모두들 각자 다른 곳에서 올라온 사람, 즉 알리야 한 사람들이기 때문입니다.

본 장에서는 15세기, 즉 이스라엘 국가가 세워지기 전 유럽에서 이스라엘 땅으로 이주한 알리야의 역사 속에서 극적인 순간들을 다룬 이야기를 읽어볼 것입니다. 또한 아시아와 아프리카의 유대인 공동체 모두가 이스라엘 국가(머디나트 이스라엘)로 이주하였다는 사실에 대해서도 배울 것입니다.

아래 나오는 이야기들을 읽을 때 기억해두어야 할 사실이 하나 있습니다. 모든 올림들이 아래 이야기와 같은 극적인 과정을 거쳐 이스라엘 땅으로 온 것은 아니라는 사실입니다. 여러분과 별반 다르지 않은 많은 가족들이 매년마다 이스라엘로 이주하고 있으며, 가족들을 따라 많은 어린이들도 함께 이스라엘로 알리야 합니다.

> ⭐ **우리가 배우게 될 새로운 교훈**
> 1. 머디나트 이스라엘이 건국되기 전에는 알리야 하기가 매우 힘들었습니다.
> 2. 마법 양탄자 작전과 에스라와 느헤미야 작전, 모세 작전은 알리야의 역사에서 매우 특별한 의미를 지니고 있습니다.

알리야 베이트

나치 정권이 독일에서 권력을 잡게 되자, 아랍 국가들은 영국에게 유대인들이 이스라엘 땅으로 이주하는 것, 즉 알리야를 규제하도록 압력을 넣었습니다. 그럼에도 불구하고 에레쯔 이스라엘의 유대인들은 10만 명 이상의 유럽 유대인들이 알리야를 할 수 있도록 도왔습니다. 그들은 어떻게 그런 일을 할 수 있었을까요?

다음 이야기를 읽고 다음 질문에 대답해보세요.

알리야 베이트는 무엇일까요?

알리야 베이트: 지하운동

1933년, 아돌프 히틀러가 독일에서 권력을 손에 쥐게 되자, 유럽에 거주하던 유대인들은 모두 두려움에 휩싸였습니다. 이후 수년에 걸쳐 유럽의 유대인들을 몰래 에레쯔 이스라엘로 이주시키려는 지하운동이 일어났습니다. 이 운동을 시작하고 진두지휘한 사람들을 바로 알리야 베이트라고 합니다. 이 운동의 목적은 영국이 규제하고 있는 이주자의 수보다 더 많은 유대인들을 에레쯔 이스라엘로 데려오는 것이었습니다.

알리야 베이트의 지도자들에게도 유럽의 유대인들을 태울 배를 찾는 것은 쉽지 않은 일이었습니다. 연료와 보급품을 구하기도 어려웠습니다. 1938년부터 영국 정부는 알리야 베이트가 유대인들을 태운 배를 띄우면 즉시 레이더와 순찰선, 항공기를 사용하여 그 배가 에레쯔 이스라엘에 도착할 때까지 수시로 감시하였습니다.

배가 영국 영해에 들어오면 영국은 마음 놓고 배를 공격할 수 있었습니다. 때로는 알리야 베이트의 배를 들이받기도 하였으며, 가스를 사용하거나 곤봉과 총으로 올림들을 공격하기도 하였기 때문에 모든 배들이 에레쯔 이스라엘에 도착할 수는 없었습니다. 배에 탄 유대인들은 다른 곳에서 내려져 키프러스의 난민캠프로 보내지기도 하였습니다.

1948년부터 지금까지 160만 명 이상의 올림들이 에레쯔 이스라엘로 이주하였습니다. 이스라엘 정부는 이스라엘 땅으로 오는 올림들을 위해 거주지와 교육, 취업교육을 지원하고 있습니다. 위 사진에서 보이는 단순한 모양의 집들이 바로 새로 이주한 올림들을 위해 지어진 집들입니다.

나치가 전쟁에서 패하고 전쟁이 끝났지만, 영국은 여전히 홀로코스트에서 살아남은 유대인들이 모두 에레쯔 이스라엘로 들어오는 것을 거부하였습니다. 하지만 알리야 베이트의 역사에서 두 사건이 일어남으로서 세계는 유대인들이 자유롭게 이스라엘 땅으로 알리야 해야 하다는 사실을 깨닫게 되었습니다.

1946년, 이탈리아 항구에서 에레쯔 이스라엘로 향하는 두 대의 배가 출발하게 되었습니다. 영국 정부는 이탈리아 당국에 이 배들이 항해를 시작할 수 없도록 해달라고 설득하였습니다. 천 명 이상의 유대인 난민들이 그 배에 타고 있었습니다. 배에 탄 사람들은 이미 수년 간 나치 강제수용소에서 영양실조로 고통을 받아온 상태였습니다. 그럼에도 그들은 영국의 태도에 저항하기 위하여 단식투쟁을 벌였습니다. 그들의 모습을 본 전 세계가 놀랐고, 이 생존자들을 거부하는 영국 정부의 정책에 한 번 더 충격을 받았습니다. 영국 정부는 결국 이 두 대의 배를 에레쯔 이스라엘로 들여보낼 수밖에 없었습니다.

1947년 여름이었습니다. 아직까지도 그 이름이 알려져 있는 유명한 배 한 척이 프랑스 항구를 출발했습니다. 그 배의 이름은 바로 '엑소더스 1947' 호였습니다. 여러분도 알다시피, 엑소더스는 '출애굽'의 영어 이름입니다. 이 이름은 이집트에서의 노예 생활을 청산하고 이집트 땅을 탈출한 사건을 떠올리게 하는 이름이었습니다. 그 배에는 4,500명이 넘는 유대인 난민들이 타고 있었습니다.

엑소더스 호가 에레쯔 이스라엘의 해안에 도착하기까지 24시간이 채 남지 않았을 때였습니다. 영국이 엑소더스 호를 공격하기 시작하였습니다. 전투가 벌어진 것입니다. 배에 탄 올림들은 자신이 들고 있던 무기로, 무기가 없으면 맨손으로 영국에 대항하여 싸웠습니다. 수도관, 병, 막대기 등

손에 든 것들은 모두 무기로 삼았습니다. 이 전투로 세 명이 죽고 스물여덟 명이 부상을 입은 후에야 영국은 그 배를 점령하여 에레쯔 이스라엘 대신 하이파라는 곳으로 데려갔습니다. 하이파에서 영국은 모든 유대인 난민들을 다른 배에 옮겨 태운 뒤 프랑스로 돌려보냈습니다. 하지만 프랑스는 영국을 도와 난민들을 다시 받아들이기를 거부하였고, 결국 유대인들은 다시 독일에 있는 영국 난민캠프로 들어갈 수밖에 없었습니다. 그렇습니다, 지도자가 모든 유대인들을 죽이려 하던 그 나라로 돌아가게 된 것입니다!

엑소더스 1947호 사건을 통해 알리야를 규제하는 영국의 정책이 잘못되었다는 사실을 전 세계가 알게 되었습니다. 이 사건 이후 1년이 채 지나지 않아, 영국은 에레쯔 이스라엘에서 철수하였고 머디나트 이스라엘이 건국되었습니다. 이후로 유대인이라면 누구나 이스라엘 땅으로 이주, 즉 알리야 할 수 있게 되었습니다.

❶ 한 번 더 생각해 봅시다

1. 영국이 에레쯔 이스라엘에서 철수하는 계기가 된 두 사건에 대해 말해보세요.
2. 영국이 유대인들을 에레쯔 이스라엘에 들어오지 못하게 한 이유는 무엇일까요? 여러분의 생각을 말해봅시다.
3. 유대인이 아닌 난민들이 새로 정착할 곳을 찾아야 한다면, 이스라엘 정부는 이 사람들을 받아들여야 할까요? 여러분의 생각을 서로서로 말해보세요.

유명한 알리야 '작전'

유럽에 살던 수많은 유대인들이 이스라엘 땅으로 알리야 해왔습니다.

하지만 많은 수의 올림들은 중동과 아프리카에서 온 사람들입니다. 예멘과 이라크, 에티오피아에서 얼마나 큰 규모의 유대인들이 알리야 했는지, 다음 이야기를 읽고 아래 질문에 대답해보세요.

마법 양탄자 작전, 에스라와 느헤미야 작전, 모세 작전은 알리야의 역사에서 어떤 역할을 하였나요?

예멘 유대인들의 알리야

약 2천 년간 유대인들은 예멘에서 살았습니다. 이슬람의 종교법에 따라 유대인들은 2등 국민으로 살아왔습니다. 1948년, 머디나트 이스라엘이 건국된 지 얼마 지나지 않아 예멘의 지도자는 예멘을 떠나고자 하는 유대인이 있다면 자기 재산을 모두 판 후에 돈을 들고 누구나 떠날 수 있도록 하였습니다. 대부분의 예멘 유대인들은 그리 많은 재산을 가지고 있지 않았기 때문에 예맨을 떠나는 것은 그리 어려운 일이 아니었습니다.

1949년부터 1950년까지, 4만 5천 명 이상의 예맨 유대인들이 비행기를 타고 이스라엘로 입국하였습니다. 이스라엘 사람들은 예멘에서의 알리야를 '마법 양탄자 작전'이라고 부릅니다. 하지만 예멘 유대인들이 비행기를 타고 알리야를 하는 것은 또 다른 의미를 가지고 있었습니다. 바로 하나님께서 모세를 통해 이스라엘 백성들에게 하신 말씀이 생각났기 때문이었습니다.

> 너희는 내가 이집트 사람에게 한 일을 보았고, 또 어미독수리가 그 날개로 새끼를 업어 나르듯이, 내가 너희를 인도하여 나에게로 데려온 것도 보았다(출 19:4).

태어나서 한 번도 비행기를 본 적이 없는 사람에게, 사람들이 비행기를 타고 이스라엘 땅으로 들어오는 장면은 마치 하나님께서 보내신 독수리의 날개를 타고 예멘 유대인들이 새로운 유대인의 나라로 오는 것으로 보였을 것입니다.

이라크 유대인들의 알리야

이라크는 고대 바빌로니아가 있던 지역에 세워진 이슬람 국가입니다. 유대인들은 첫 번째 성전이 파괴되던 B.C.E. 586년부터 바빌로니아의 포로로 살았습니다. 약 150년 후, 두 명의 유대인 지도자인 에스라와 느헤미야는 많은 수의 유대인들을 이끌고 에레쯔 이스라엘로 돌아왔습니다. 하지만 모든 바빌로니아 유대인들이 에레쯔 이스라엘로 돌아온 것은 아니었습니다. 여전히 그 땅에 남아있던 유대인들은 점점 더 번성하였고, 마침내 바빌로니아는 유대교 학문의 중심지가 되기까지 하였습니다. 그러나 현대 이라크에서 유대인들의 삶은 결코 좋지 못합니다. 가혹한 이슬람 법을 따라야 했으며, 종종 무슬림들에게 공격을 당하기도 했기 때문입니다.

1950년, 이라크 정부는 모든 유대인들이 이라크를 떠날 수 있도록 허락하였습니다. 예멘 유대인들과는 달리 이라크 유대인들은 많은 재산을 가지고 있었습니다. 이라크 정부는 그들에게 재산을 매우 싼 값에 팔고 수중에 얼마 되지 않는 돈만을 들고 갈 것을 요구하였습니다. 이스라엘 정부는

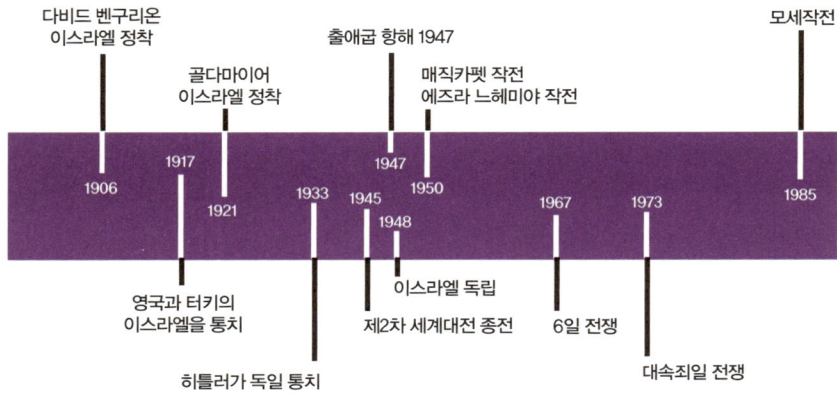

모세 작전은 위 두 명의 아이들을 포함, 수천 명의 에티오피아 유대인들이 에레쯔 이스라엘로 귀환한 일을 말합니다.

12만 명 이상의 이라크 유대인들을 머디나트 이스라엘로 데려올 수 있었습니다. 대부분의 이라크 유대인 공동체는 이라크 정부의 정책이 발표된 후 1년 반이 지나지 않아 이스라엘로 알리야 하였습니다. 이스라엘 사람들은 이러한 이라크 유대인들의 알리야를 2천 년 전 해외에 거주하던 수많은 올림들과 함께 이스라엘로 귀환한 두 명의 지도자의 이름인 '에스라와 느헤미야 작전'이라고 부릅니다.

에티오피아 유대인들의 알리야

북부 아프리카에 위치한 에티오피아에 한 유대인 공동체가 있다는 소문은 수 세기 동안 유럽에 널리 퍼져 있었습니다. 먼 옛날 솔로몬 왕과 에티오피아 왕국의 셰바 여왕 사이에서 난 자손들이 공동체를 이루고 있다는 것이었습니다. 얼마 지나지 않아 이러한 유대인 공동체가 있다는 소문은 사실로 밝혀졌습니다. 에티오피아의 유대인들은 '팔라샤스'라고 부릅니다. 에티오피아 토속어로 '나그네', '유랑자'라는 뜻입니다. 하지만 그들은 스스로를 '베타 이스라엘', 즉 이스라엘의 집이라고 불렀습니다.

1980년대 중반, 에티오피아에 끔찍한 대기근이 일어났습니다. 이스라엘 정부는 2만 5천 명의 에티오피아 유대인들이 알리야 할 수 있도록 돕고자 하였습니다. 그러나 에티오피아 정부는 이 유대인 공동체가 바로 이스라엘로 갈 수 있도록 허락하지 않았습니다. 때문에 수천 명의 에티오피아 유대인들이 에티오피아 옆에 있는 나라인 수단으로 가면, 이스라엘 정부에서 그들을 비밀리에 공수하여 이스라엘로 데려오게 되었습니다.

이 알리야의 이름은 '모세 작전'이라고 부릅니다. 모세가 파라오에게 히브리인 노예들을 자유롭게 하라고 요청하였던 것처럼, 이스라엘 정부와 전 세계의 유대인들이 에티오피아 정부에 파라샤스들을 자유롭게 하라고 요청하였기 때문입니다.

다채로운 색의 옷을 입고 머리를 정교하게 땋는 것은 이스라엘의 예멘 유대인들의 전통 결혼 풍습입니다.

머디나트 이스라엘로 온 베타 이스라엘 공동체의 많은 사람들은 고등 교육을 받지 못한 사람들이었고, 현대 도시 생활에도 익숙하지 않았던 반면, 또 어떤 사람들은 이미 대학교를 졸업하기도 하였습니다. 이토록 다양한 사람들이 한 마음으로 이스라엘에 온 것입니다!

어떤 사람들은 현대 문명과 기계에 대해서 잘 알고 있던 반면, 창문이나 문을 태어나서 처음 보는 사람들도 있었습니다. 하지만 모든 에티오피아 유대인들은 그들의 새로운 터전에서 희망을 보았습니다.

❗ 한 번 더 생각해 봅시다

1. 위에서 읽은 알리야들에 '마법 양탄자', '에스라와 느헤미야', '모세'라는 이름이 붙은 이유는 무엇인가요?
2. 여러분이 '모세 작전'을 통해 이스라엘에 방금 들어온 에티오피아 어린이라고 생각해봅시다. 여러분과 같은 나이의 에티오피아 유대인 어린이와 여러분이 서로 다른 점을 두 가지 적어보세요.
3. 세계 각지 유대인 공동체의 알리야는 머디나트 이스라엘에 어떤 도움이 되었나요? 또 어떤 문제가 발생하였나요?

여러분 스스로 찾아보세요

예멘 유대인들은 머디나트 이스라엘로 향하는 비행기를 하나님께서 보내주신 '독수리의 날개'로 비유하였습니다. 이 때 이들은 출애굽기 19:4절을 기억하였을 것입니다. 에스라와 느헤미야의 이야기는 각각 성경의 에스라서와 느헤미야서에 나와 있습니다.

제14장
עַם הַסֵּפֶר

Am Hasefer

암 하세이페르

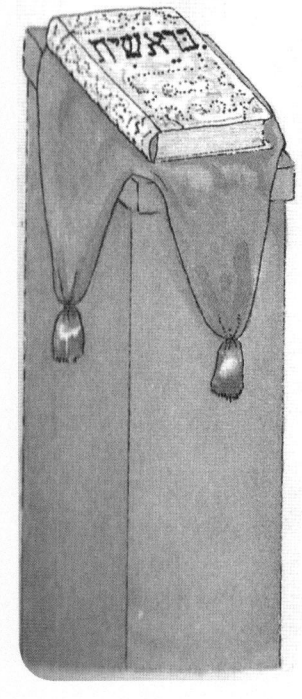

세상 사람들은 유대인들을 '암 하세이페르 עַם הַסֵּפֶר', 즉 '책의 사람들'이라고 부릅니다. '암'은 '나라', 혹은 '백성'을 뜻하는 히브리어이며 '하세이페르'는 '그 책'이라는 뜻입니다. '그 책'은 보통 성경을 말합니다. 하지만 독서에 매진하는 유대인들의 모습은 '암 하세이페르'라는 말의 의미를 바꾸게 되었습니다. 세상 사람들은 유대인들의 이러한 모습을 바라보면서 '성경의 백성', '성경의 사람'이 아니라 '책의 백성', 또는 책의 사람이라고 불렀습니다.

책은 유대인의 마음과 삶에 매우 특별한 것으로 자리 잡고 있습니다.

황제가 듣고 싶었던 내용은 바로 저 소년이 들고 있던 히브리어 책, 즉 창세기에서만 찾을 수 있었습니다.

유대인들은 책을 자기가 가진 것들 중에서도 가장 가치 있는 것으로 여겼습니다. 기도 책이나 성경이 실수로 바닥에 떨어지면, 이를 본 유대인은 떨어진 책을 다시 들어 그 위에 입맞춤을 하였습니다.

나이가 들거나 아픈 친구를 버리지 않는 것처럼, 낡고 헤진 책을 함부로 버리지 않았습니다. 대신 낡은 책들은 회당의 다락방이나 지하에 위치한 특별한 곳에 모아놓았습니다. 이따금씩 세상을 떠난 위대한 인물을 묘지에 매장하는 것처럼 이렇게 모여진 책들을 매장하기도 하였습니다.

본 장에서는 '암 하세이페르 עַם הַסֵּפֶר'라는 말을 통해 책이 우리에게 얼마나 중요한 것인지를 배우게 될 것입니다. 먼저, 오래 전 옛날 책의 가치를 배우게 된 한 소년의 이야기를 읽은 후 현대 유대인들이 책을 얼마나 사랑하는 지를 보여주는 세 가지 예화를 읽어보고자 합니다.

⭐ 우리가 배우게 될 새로운 교훈
1. 히브리어 책을 공부하는 것은 많은 도움이 됩니다.
2. 암 하세이페르라 불리는 유대인들의 책을 향한 사랑은 위기의 순간에 그 빛을 발했습니다.

히브리어 책의 중요성

때로 부모님들은 자녀에게 취미를 가지라고 조언하기도 합니다. 첼로 연주와 같은 것들 말입니다. 그러면 아마 아이들은 고개를 들고 부모에게 이렇게 말하지 않을까요?

아무도 제 첼로 연주를 들으려 하지 않을 거예요!

하지만 이런 아이들의 마음을 바꾸게 하는 순간이 곧 찾아옵니다. 옆자리의 친구가 첼로 연주를 정말 잘 한다거나 그 친구가 첼로 연주를 하게 된 동기를 알 때 말입니다.

다음에 나오는 히브리어 책 공부의 중요성을 깨달은 아이의 이야기를 읽고 다음 질문에 대답해보세요.

이야기에 등장하는 소년이 '암 하세이페르'의 구성원이 되도록 한 계기는 무엇이었나요?

암 세이페르의 구성원이 되다
이 이야기는 로마가 에레쯔 이스라엘을 다스리던 먼 옛날의 이야기입니다. 한 유대인 가족에게 외동아들이 있었습니다. 부모님은 이 아이가 공부를 잘 하지 못한다는 사실에 실망했습니다. 그러나 소년은 부모님만 히브리어 책 공부에 관심이 있다고 생각했습니다.

선생님도 소년을 가르치는 데에 많은 어려움을 겪었습니다. 하지만 선생님은 아이에게 성경의 첫 번째 책인 창세기를 가르치려 부단히 노력하였습니다.

그 당시, 로마 황제의 병사들은 가끔씩 유대인인 아이들을 납치하여 감옥에 넣곤 하였습니다. 어느 날이었습니다. 그 날도 황제의 병사들이 소년이 살던 마을에 찾아왔습니다. 병사들에게 납치를 당하게 된 아이는 이내 이름도 모르는 어느 도시의 감옥에 갇힌 자신을 발견할 수 있었습니다. 언젠가 황제가 그 도시를 방문하게 되었습니다.

그 도시에 있는 감옥을 둘러보던 황제는 소년이 갇혀있는 감옥의 간수에게 감옥 도서관에 있는 책들을 보여 달라고 말하였습니다. 이 책 저 책을 둘러보던 황제는 이해할 수 없는 말로 적힌 책을 하나 발견하고 이렇게 말하였습니다.

이 책은 유대인들의 책인가 보군.
혹시 이 감옥에 유대인도 갇혀 있는가?

간수는 바로 소년이 갇혀있는 감옥으로 가서, 소년에게 이렇게 말했습니다.

네가 히브리어를 읽을 수 있었으면 참 좋은 기회가 되겠구나.
황제께서 너를 불러 히브리어 책을 읽으라 명하셨다.
만일 읽지 못한다면 너는 사형을 당하고 말 것이야.

소년은 마른 침을 삼키고 간수에게 말했습니다.

황제께서도 히브리어를 읽는게 그렇게나 중요하다고 생각하신다는 건가요?
이런! 제가 히브리어로 읽을 수 있는 책은 하나밖에 없어요.

그러자 간수가 답했습니다.

음. 걱정하지 말거라. 일단 황제께 가보자꾸나.

소년은 황제 앞에 서자마자 안도의 한숨을 내쉬었습니다. 황제 앞에 놓인 책은 다름 아닌 소년이 읽을 수 있는 단 한 권의 책, 창세기였기 때문입니다.

낡은 기도 책과 성경. 종교물품들은 함부로 버려지지 않습니다. 대신 사랑하는 사람이 세상을 떠날 때와 같이 책들을 마음과 정성을 다해 땅에 매장합니다.

제14장 암 하세이페르

예루살렘에 위치한 '성경의 성지' (The Shrine of the Book)입니다. 이곳은 사해문서가 발견된 곳입니다. 사해문서는 1947년 발견되었으며, 히브리어와 아람어로 기록되었습니다. 이사야서의 가장 오래된 사본과 함께 많은 수의 성경 양피지 조각들이 여기서 발견되었습니다.

소년은 하나님께서 세상을 창조하신 이야기인, 창세기의 첫 번째 장과 두 번째 장의 일부를 읽고 황제가 알아들을 수 있는 말로 해석해주었습니다. 그 때 황제는 소년이 창세기를 읽는 것을 멈추게 하고 말했습니다.

너희 하나님이 너를 가족에게 돌아가게 하시려고 나를 여기로 데려오신 것 같구나.

그러자 간수는 소년에게 은과 금을 내어준 후 병사들에게 그를 집으로 돌려보내도록 하였습니다.

랍비들은 이 소년의 이야기를 듣고 이렇게 말했습니다.

이 소년은 단 하나의 책만 배웠음에도 하나님께서는 소년과 가족에게 이러한 복을 주셨다. 생각해보라, 아이가 성경 전체를 배운다면 아이와 부모는 얼마나 큰 축복을 받겠는가?

⚠ 생각해 봅시다

1. 소년은 왜 성경책을 공부하지 않으려 하였나요?
2. 소년은 어떻게 성경 공부가 가치 있다는 것을 배우게 되었나요?
3. 오늘날 유대인 아이가 유대교 책을 공부해야 하는 이유 두 가지를 생각해보고 이것을 말해봅시다.

위기의 순간에 빛을 발하는 암 하세이페르

위에서 읽은 전설 같은 이야기는 아주 먼 옛날에 있었던 일입니다. 하지만 현대에도 유대인들의 책을 향한 사랑은 계속해서 이어져왔습니다. 암 하세이페르가 책을 얼마나 소중히 여겼는지에 대해 다음 세 편의 이야기를 읽고, 다음 질문에 대답해보세요.

전쟁과 탄압의 시대에 현대 유대인들은 어떻게 책을 사랑하고 아꼈나요?

홀로코스트와 책

세계 2차 대전 중에는 유럽의 수많은 공동체가 전멸하고 말았습니다. 6백만 명의 유대인들이 나치에 의해 죽임을 당했습니다. 전쟁이 끝난 후, 유럽 각지에서 살아남은 사람들은 어떻게든 세상을 떠난 사람들을 추모하고자 했습니다. 희생자들의 유해가 제대로 매장되지도 못했고, 그들의 묘비도 없었기 때문입니다.

생존자들 중 몇 사람은 오래된 유대교 전통을 다시 부활시켰습니다. 이 사람들은 자신이 속한 유대인 공동체의 역사를 책으로 만들었습니다. 이 책을 '이즈코르서', 혹은 '추모서'라고 부릅니다. 나치에 의해 파괴된 유대인 공동체의 역사를 담은 500권 이상의 추모서가 기록되었습니다.

추모서를 기록한 사람들 중 많은 이들이 고등교육을 받지 못한 사람들이었습니다. 하지만 암 하세이페르의 구성원으로서 그들은 이미 사라져 버린 공동체의 기억을 되살리는 데에 책이 얼마나 큰 힘을 지니고 있는지를 잘 알고 있었습니다.

히브루 대학교와 책

1947년 독립전쟁이 벌어지기 전, 예루살렘에 위치한 히브루 대학교(Hebrew University)는 스코푸스 산 위에 세워져 있었습니다. 하지만 전쟁이 끝난 후, 이 지역은 요르단이 소유하게 되었습니다.

이스라엘 사람들은 이스라엘 땅인 예루살렘 근처에 임시로 건물을 세워 그 곳을 대학교로 사용하였습니다. 하지만 도서관이 없는 대학교는, 책이 없는 대학교는 너무나 처량하기 그지없었습니다.

요르단 정부는 아랍인 경비원들이 지켜보는 가운데 이스라엘 사람들이 스코푸스 산에서 약간의 책을 가져갈 수 있도록 허락하였습니다. 하지만 이스라엘은 도서관 전체를 가져오지 못하는 이상 여기에 만족할 수 없었습니다. 그리하여 원래 도둑을 감시하는 일을 하던 이스라엘인 경비원들은 아랍인 경비원들이 모르게 책을 몰래 빼내었습니다.

어떤 사람들은 오래된 도서관의 책들이 천천히 이스라엘에 위치한 자기 자리로 돌아가고 있다는 것을 이미 알고 있었다고도 생각합니다. 옆 도시의 도서관을 비밀리에 복원하도록 내버려 두었다는 것입니다. 왜일까요? 바로 유대인을 '책의 사람들'이라고 부른 첫 번째 사람들은 바로 아랍인들이기 때문입니다.

소련 유대인들과 책

오늘날 소련의 유대인들이 유대교 절기와 문화를 지키는 것은 쉬운 일이 아닙니다. 하지만 집이나 공동체 모임에 유대교 책을 들여놓는 것은 이보다 더 어려운 일입니다.

미국 유대인들 중 소련을 방문하는 사람들은 이 사람들에게 유대교와 히브리어를 가르쳐주기 위해 책을 함께 가지고 가곤 합니다. 책뿐만이 아닙니다. 소련의 유대인들이 유대인으로서 살아갈 수 있도록 유대교 전통을 지키기 위해 필요한 물건들을 함께 가져가기도 합니다.

소련 정부는 개인 물품 이외에 유대교 책이나 종교 물품들을 소련으로 가져오는 것을 금지하고 있습니다. 하지만 소련으로 향하는 여행객들이나 소련의 유대인들은 모두 체포를 당할 위험을 각오하고 이러한 일을 계

소련으로 떠나는 사람들은 종종 소련에 사는 유대인들을 위해 책과 종교 물품들을 준비하기도 합니다.

제14장 암 하세이페르 **143**

속하고 있습니다. 암 하세이페르에게 책은 너무나 중요한 것이기 때문입니다.

⚠ 다시 한 번 생각해봅시다

1. 이즈코르서(추모책)는 무슨 책인가요?
2. 역사 속에서 유대인들이 책을 몰래 들여온 때가 두 번 있었습니다. 언제인가요?
3. 만일 누군가가 여러분에게 책을 읽지 못하게 한다면, 여러분은 어떻게 할 것인가요?

여러분은 이런 이야기를 들어보셨나요

소련의 유대인들 중 일부는 '리푸세니크'(거부당한 자)라고 불리는데, 이는 그들이 소련을 떠나 이스라엘로 가는 것을 허락해달라고 요구하였으나, 소련 정부에서 이를 거부하였기 때문입니다.

제15장

פִּקּוּחַ נֶפֶשׁ

Pikuah Nefesh

피쿠아흐 네페쉬

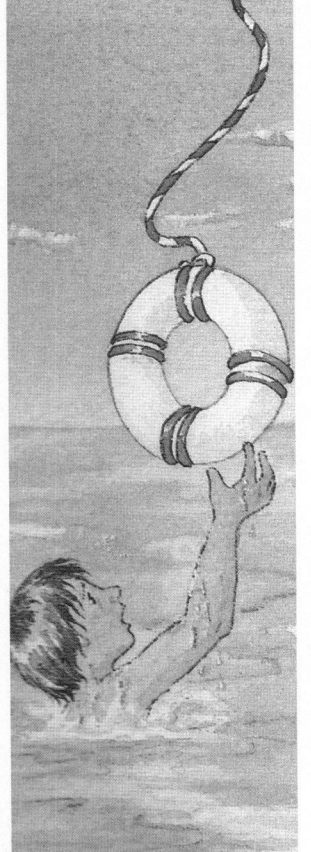

'피쿠아흐 네페쉬 פִּקּוּחַ נֶפֶשׁ'는 '생명을 구하다'라는 의미를 가진 구문입니다. '생명을 구하라'는 의무는 다른 모든 계명들보다 더욱 중요한 것입니다.

피쿠아흐 네페쉬는 '생명을 구하다'라는 의미입니다.

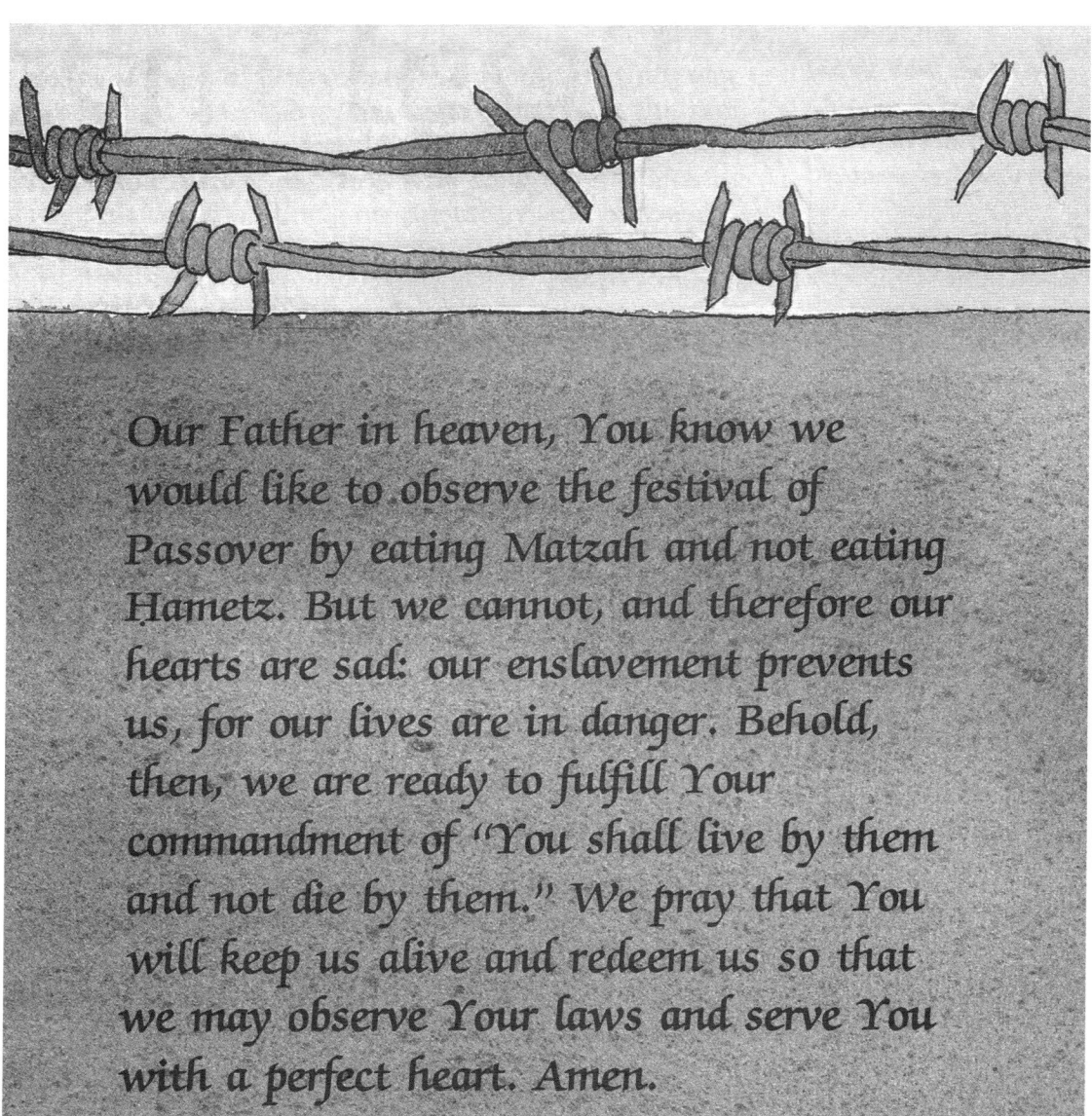

Our Father in heaven, You know we would like to observe the festival of Passover by eating Matzah and not eating Hametz. But we cannot, and therefore our hearts are sad: our enslavement prevents us, for our lives are in danger. Behold, then, we are ready to fulfill Your commandment of "You shall live by them and not die by them." We pray that You will keep us alive and redeem us so that we may observe Your laws and serve You with a perfect heart. Amen.

나치의 강제수용소 안에서 유월절을 맞이한 유대인들은 중대한 결정을 내려야 했습니다. 유월절에 먹는 누룩 없는 빵인 마짜가 수용소 안에는 없었기 때문에, 누룩이든 빵(하메쯔, Hametz)을 먹고 유월절 율법을 어길지, 아니면 아예 아무것도 먹지 않고 피쿠아흐 네페쉬의 계명을 어길지 결정해야 했던 것입니다. 위 사진에 나오는 기도문은 피쿠아흐 네페쉬가 다른 모든 계명들보다 더 중요하다는 사실을 일깨워줍니다.

앞 페이지에서 여러분이 볼 수 있는 기도문은 전통 기도문은 아닙니다. 여러분은 하나님의 계명을 지키기 전 축복 기도를 외우도록 배웠을 테지만, 나치의 강제수용소에 수감되어있던 유대인들에게 종교 지도자들은 하나님의 계명을 '어기기' 전에 위 기도문과 같은 것을 외우도록 가르쳤다고 합니다.

유월절 율법에 따르면, 유대인들은 유월절에는 누룩이든 빵을 먹어서는 안 됩니다. 그러나 강제수용소에 함께 수감되었던 랍비들은 유대인들에게 살기 위해 누룩이든 빵을 먹어야만 한다고 말했습니다. 다르게 표현하자면, 피쿠아흐 네페쉬가 누룩이 없는 빵(마짜)을 먹어야 한다는 계명보다도 더 중요하다는 뜻이었습니다.

본 장에서 우리는 피쿠아흐 네페쉬에 관한 두 가지 이야기를 읽게 될 것입니다. 첫 번째 이야기는 피쿠아흐 네피쉬가 안식일 율법보다 더 중요하다는 것을 가르쳐주는 이야기이며, 두 번째 이야기는 사람의 생명을 살리는 일은 대속죄일 율법보다도 더 중요하다는 교훈을 알려주는 이야기입니다.

⭐ 우리가 배우게 될 새로운 교훈
1. 생명을 구하기 위해서라면 안식일 율법을 어길 수도 있습니다.
2. 사람의 목숨을 살리기 위해서라면 대속죄일 율법을 잠시 중단할 수 있습니다.

피쿠아흐 네페쉬와 유대교 율법

안식일에 지켜야 하는 율법들 중에는 안식일 동안 글을 써서는 안 된다는 법도 있습니다. 나팔절, 안식일로 한 해를 마무리하는 날이 다가오자 랍비였던 베르디체프의 레위 이삭은 걱정에 잠겼습니다.

나팔절이 되면 하나님께 생명책에 우리의 이름을 적어달라고 기도하지만, 그 날은 안식일이기 때문입니다. 하나님께서는 글을 써서는 안 되는 안식일에 어떻게 우리의 이름을 쓰실 수 있는 것일까요?

레위 이삭이 이 문제를 해결한 것에 관한 다음 이야기를 읽고, 다음 질문에 대답해보세요.

랍비 레위 이삭은 하나님께서 계명을 어기시는 것을 어떻게 생각하였나요?

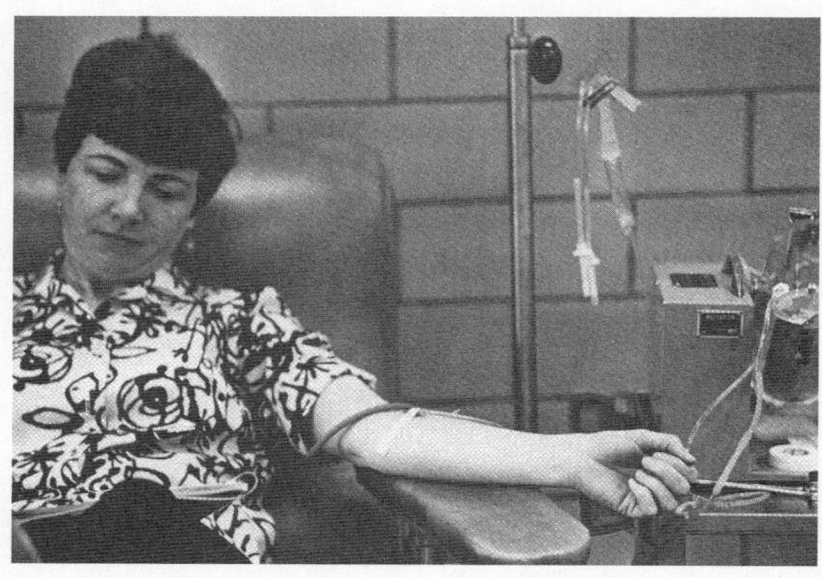

청소년들과 어른들이 피쿠아흐 네페쉬의 계명을 지킬 수 있는 법 중 하나는 바로 헌혈입니다.

어떻게 하나님께 유대인들의 생명을 구해달라고 간구하였나요?

나팔절, 안식일, 그리고 생명의 책

나팔절이 되면 하나님께서는 유대인들의 이름을 세 책들 중 하나에 기록하신다고 합니다. 이 책들의 이름은 각각 '생명의 책'(경건한 사람들을 위한 책), '죽음의 책'(악한 사람들을 위한 책), 그리고 세 번째 책(완전히 경건하지도 않고 완전히 악하지도 않은 사람들을 위한 책)입니다.

나팔절 날에 펼치시는 이 세 권의 책에, 하나님께서는 어떻게 유대인들의 이름을 기록하실 수 있는 걸까요? 랍비 레위 이삭은 이 문제로 고심하고 또 고심했습니다. 하나님께서 안식일에 글을 쓰지 말라고 하셨으면서, 정작 하나님께서는 나팔절에 모든 유대인의 이름을 이 세 책들 중 하나에 기록하신다니, 모순인 것처럼 보입니다.

결국 안식일과 나팔절이 동시에 시작되자 랍비 이삭은 이 문제를 피할 방법을 깨닫게 되었습니다. 랍비 이삭은 유대인들을 대표하여 하나님 앞에 나아가 말할 용기를 가진 사람이었습니다. 나팔절 날 그는 하나님께 자기 인생에서 가장 담대한 간구를 하였습니다.

> 온 우주의 주님이신 하나님! 피쿠아흐 네페쉬는 안식일 율법들보다 더 중요한 것을 하나님께서 아실 것입니다. 사람의 목숨을 살리기 위하여 우리는 안식일 율법을 어길 수 있을 뿐만 아니라, 어겨야만 합니다. 오래 전 랍비들은 생명을 살리기 위하여 안식일 법을 어기는 것이 곧 계명이라 하였으니, 기꺼이 생명을 위해 안식일을 어기는 자는 칭송을 받을 만할 것입니다. 그러니 주님, 온 우주의 주님이신 하나님. 이제 하나님께서 선택하셔야 합니다. 안식일 법을 어기시고 책에 우리의 이름을 쓰시려거든 올해에는 온 이스라엘 사람들의 이

름을 생명의 책에 써 주십시오. 사람의 생명을 구하기 위해 안식일 율법을 어기는 당신의 모습을 보고 당신의 백성들이 배우기를 원합니다.

⚠ 생각해봅시다

1. 랍비 레위 이삭의 논리를 여러분의 말로 설명해보세요.
2. 랍비 레위 이삭이 간구한 것을 하나님께서 이루어주셔야 하는 이유는 무엇인가요?
3. 44페이지와 45페이지에는 슈마이어와 아브탈리온이 안식일에 힐렐을 구해주는 장면이 나옵니다. 이 이야기는 피쿠아흐 네페쉬와 어떤 관련이 있나요?

피쿠아흐 네페쉬와 대속죄일

생명을 구하기 위해 안식일을 어기는 것이 하나님의 계명이듯이, 다른 생명이 위급할 때 대속죄일의 율법을 어기는 것도 하나님의 계명입니다. 피쿠아흐 네페쉬의 중요함을 일깨워준 어느 유명한 랍비의 이야기를 읽고, 다음의 질문에 답을 하세요.

대속죄일에 금식을 어기고 빵을 먹어야 한다고 회중들을 설득시킬 때, 랍비가 인용한 성경 구절은 무엇이었나요?

유대인이 대속죄일 금식을 어길 때

오래 전 옛날, 어느 여름날이었습니다. 콜레라가 동부 유럽 전역에 걸쳐 퍼졌습니다. 모든 가족들이 감염되었고, 수많은 사람들이 목숨을 잃었습니다. 여름이 끝나갈 즈음까지도 콜레라는 계속해서 사람들을 괴롭혔습니다.

이 이야기는 이 당시 대속죄일 날, 어느 작은 유대인 마을에 일어난 일입니다. 대속죄일 날에 드리는 예배 때에 콜 니드레이(Kol Nidrei)라는 기도문을 외우는 전통이 있습니다.

이 기도문을 외운 후, 예배를 인도하던 백발의 랍비는 전통에 따라 설교를 하지 않는 대신 그 주에 먼저 세상을 떠난 사람들의 이름이 적힌 목록을 읽었습니다. 평소보다 훨씬 더 많은 사람들의 이름이 그 목록에 적혀 있었습니다. 이 사람들의 이름을 읊은 후, 랍비는 이들을 추모하는 예배, 즉 이즈코르(Yizkor)를 드렸습니다.

그날 밤, 그 누구도 회당에 남아있지 않았습니다. 사람들은 모두 울다가 기도하고, 또 울다가 기도하기를 멈추지 않았습니다. 그렇게 밤이 지나고 이른 아침이 되자, 사람들은 또 두 명의 사람이 기도하다가 세상을 떠난 것을 알게 되었습니다.

기도는 계속되었습니다. 그렇게 오후가 되자, 그제서야 랍비는 오랫동안 기다려왔던 설교를 시작했습니다.

형제자매 여러분, 하나님께서는 모세를 통해 우리 조상들에게 말씀하셨습니다. 그 누구든지 계명을 지키는 자는 계명으로 인하여 살리라. 우리 랍비들은 이 말의 뜻을 잘 알고 있습니다. 계명을 지킴으로서 누군가의 목숨이 위험하다면, 그 계명을 지켜서는 안 된다는 것을 말입니다. 우리 유대인들은, 언제나 우리의 생명을 토라 앞에 내어놓아야 하는 것입니다.

이 말을 한 후 랍비는 다음과 같이 말하기 시작했습니다.

하나님께서 허락하셨고 또 회중들이 허락하였으니,
오늘 먹고 마시는 것이 율법을 어기는 것이 아님을 선포합니다.

여러분 스스로 찾아보세요
너희는 내 규례와 법도를 지키라 사람이 이를 행하면 그로 말미암아 살리라 나는 여호와이니라(레 18:5)

그 자리에 있던 모든 사람들이 숨을 멈춘 것처럼, 모든 사람들의 심장이 멈춘 것처럼, 그 자리에 정적이 흘렀습니다. 랍비가 말한 선포가 어떤 뜻인지를 알게 되자, 사람들은 소리죽여 울기 시작했습니다. 무너진 마음을 안고 랍비마저도 눈물을 흘렸습니다. 랍비는 눈물을 흘리며 나지막이 말했습니다.

형제자매 여러분, 저도 알고 있습니다. 대속죄일을 어기는 것이 얼마나 힘든 일인지 말입니다. 저라고 마음 놓고 대속죄일의 율법을 어길 수 있겠습니까?

오늘은 제 80번째 생일입니다. 80년을 살면서 지금까지 전 단 한 번도 고의로 율법을 어긴 일이 없습니다. 하지만 피쿠아흐 네페쉬도 계명입니다. 우리 랍비들은 이렇게 가르쳤습니다. '사람의 목숨이 위험해진다면, 그 어떤 율법이라도 중단되어야 한다'고 말입니다.

대속죄일 날, 랍비는 이렇게 선포하였습니다.
"하나님께서 허락하셨고 또 회중들이 허락하였으니, 오늘 먹고 마시는 것이 율법을 어기는 것이 아님을 선포합니다."

피쿠아흐 네페쉬의 의무는 전 세계에 널리 퍼져 있습니다. 유대인과 비유대인을 가리지 않고 말입니다. 전 세계의 소방관들은 매일 목숨을 걸고 다른 사람들의 생명을 구합니다.

굶주림과 목마름으로 약해진 사람들에게 질병이 목숨을 위협할 수 있다는 것을 우리 모두는 잘 알고 있습니다. 올해 대속죄일에는 살기 위해 먹는 것이 곧 하나님의 뜻입니다.

그 후 랍비는 모두가 모인 회당에 쿠키와 포도주를 주문하였습니다. 한 아름 담긴 양식 앞에 선 랍비가 먼저 식사를 시작했습니다.

제가 먼저 본을 보이겠습니다. 하나님의 이름에 축복이 있기를.

그러자 많은 사람들이 랍비를 따라 눈물 젖은 빵과 포도주를 먹고 마셨습니다.

❗ 다시 한 번 생각해봅시다

1. 위 이야기에 등장하는 유대인들은 왜 대속죄일 날에 음식을 먹었나요? 누가 음식을 먹자고 하였나요?
2. 피쿠아흐 네페쉬의 뜻을 이해한 사람들은 랍비의 말을 따르면서 왜 슬퍼했을까요?
3. 여러분이 살면서 지켜야 하는 중요한 전통을 포기해야만 하는 상황은 무엇이 있을까요?

제16장

צְדָקָה

Tzedakah

쩌다카

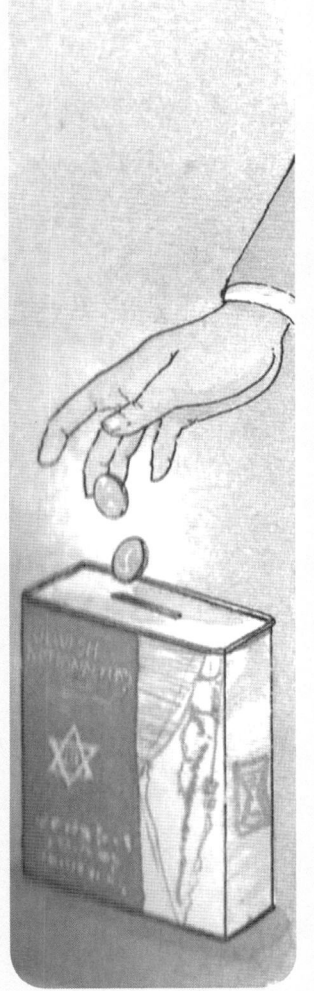

대부분의 사람들은 쩌다카를 '기부'라는 뜻으로 알고 있을 것입니다. 하지만 이 말은 히브리어로 '정의'라는 뜻하는 '쩨데크'(צֶדֶק)라는 단어에서 유래 된 말입니다. 모든 유대인들은 도움이 필요한 사람에게 쩌다카를 통해 도와주어야 할 의무가 있습니다. 설령 자기 자신이 도움을 받았더라도 말입니다.

위 그림과 같은 쩌다카 모금함을 통해 수백만 달러의 금액이 국립유대기금(Jewish National Fund)으로 모이고 있습니다.

사람이 실천할 수 있는 최고의 쩌다카는 다른 사람들을 위해 가르치는 것입니다. 이 사진에서는 모로코 유대인들이 컴퓨터를 배우고 있습니다.

위: 동유럽에서 만들어진, 동으로 된 쩌다카 모금함입니다.
아래: 은으로 만든 독일의 쩌다카 모금함입니다.

여러분의 유대교 학교에서 아마 151페이지에 나오는 것과 같은 철로 된 상자를 보았을 것입니다. 어쩌면 여러분의 집에도 하나 있을지도 모릅니다. 학교에서나 집에서나, 화려하거나 단순하거나, 오래된 디자인이거나 현대적인 디자인이거나, 모두 상관없이 이 상자들은 모두 쩌다카 기부금을 모으기 위해 만들어진 것입니다. 쩌다카 모금함이 모두 채워지면 그 안에든 돈은 도움이 필요한 유대인들이나 전 세계의 어려운 사람들을 돕는 단체에 기부됩니다.

본 장에서는 랍비 아키바가 다른 랍비에게 쩌다카의 중요성을 일깨워준 일화를 배우게 될 것입니다. 또한 쩌다카가 기도만큼이나 중요한 이유에 대하여 함께 공부하고자 합니다.

⭐ 우리가 배우게 될 새로운 교훈
1. 위대한 랍비라도 쩌다카의 중요성을 배워야만 했습니다.
2. 때로 쩌다카는 믿음보다 더 귀합니다.

쩌다카의 중요성

랍비 타르폰은 자신의 부유한 재산으로 어려움에 처한 사람들을 도운 너그러운 사람으로 역사에 기록되어있습니다. 하지만 그가 언제나 너그러운 사람이었던 것만은 아니었습니다. 다음 이야기를 읽고 다음의 질문에 대답해보세요.

랍비 아키바는 랍비 타르폰에게 어떻게 쩌다카의 중요성을 가르쳐주었나요?

쩨다카와 랍비 타르폰

랍비 타르폰은 자신의 친구이자 위대한 랍비인 아키바와 같은 유대교 학자였습니다. '네 손을 벌려' 어려운 사람들을 돕고 '마음을 굳게 닫지 말라'는 토라의 가르침을 그도 잘 알고 있었습니다. 게다가 그는 부유하기까지 하였습니다. 하지만 랍비 타르폰은 토라를 잘 알고 있었음에도 불구하고, 더 나아가 많은 재산을 가지고 있었음에도, 어려움에 처한 사람들에게 쩨다카의 손길을 내밀지 않았습니다.

랍비 아키바는 그런 타르폰의 모습을 걱정하였습니다. 어느 날, 아키바는 타르폰에게 말했습니다.

> 만일 네가 4,000개의 금덩이를 내게 준다면, 마을 한 두어 개를 사서 네게 줄게. 나한테 투자해서 손해 보는 일은 없을 걸세.

그러자 랍비 타르폰은 랍비 아키바에게 금 사천 덩어리를 주었습니다. 그러나 아키바는 그 돈으로 건물과 땅을 사지 않고 도리어 돈이 없어 토라 공부를 하기 힘든 학생들에게 나누어주었습니다.

얼마 후, 랍비 타르폰은 랍비 아키바에게 자기 돈으로 사 들인 마을을 보여 달라고 하였습니다. 그러자 랍비 아키바는 그를 어느 학당(베이트 미드라쉬)으로 데려갔습니다. 그 곳에서는 가난한 학생들이 앉아 토라를 공부하고 있었습니다. 랍비 타르폰은 그 모습을 보고 깜짝 놀라 이렇게 말했습니다.

> 도저히 이해할 수 없네.
> 나한테는 땅을 사겠다고 하지 않았나?

마을을 사는 대신, 랍비 아키바는 랍비 타르폰의 금덩어리를 더 나은 곳에 투자했습니다. 어려운 학생들을 지원한 것입니다.

내 돈을 어디에 썼는지 어서 말해보게.
똑똑한 사람은 돈을 허투루 쓰지 않는다네.

그러자 랍비 아키바가 이렇게 대답했습니다.

자네가 보는 이 곳이 바로 내가 산 마을이라네!
내가 한 투자로 자네는 이 땅에서뿐만 아니라 이제 올 세상에서도 이득을 얻을 것이라네.

그 말을 들은 랍비 타르폰은 깨달음을 얻게 되었습니다.

랍비 아키바, 자네는 날 옳은 길로 인도하는 지혜의 선생이오.

그리고는 랍비 아키바에게 더 많은 돈을 주어 어려운 이들을 돕도록 하였다고 합니다.

❗ 생각해봅시다

1. 랍비 타르폰은 랍비 아키바가 자신의 돈을 어디에 쓸 것이라고 생각했나요? 랍비 타르폰이 놀란 이유는 무엇인가요?
2. 땅과 건물에 투자하는 것과 어려운 학생들을 돕는 것의 공통점은 무엇인가요? 둘의 차이점은 또 무엇인가요?

쩌다카, 천사, 그리고 하나님

다른 사람에게 자기 돈을 주는 것이 얼마나 어려운 일인지를 알던 사람은 랍비 타르폰만은 아니었습니다. 이외에도 많은 사람들은 쩌다카의 계명을 멀리하였습니다. 때로는 믿음을 들어 자기 모습을 변명하기까지 하였습니다! 다음 이야기를 읽고 다음의 질문에 대답해보세요.

(a) 때로는 쩌다카 모금이 하나님을 찬양하라는 계명보다 더 귀한 이유는 무엇인가요?

(b) 유대인들이 마치 하나님께서 안 계신 것처럼 쩌다카를 실천해야 하는 이유는 무엇인가요?

쩌다카를 모금하거나, 찬양을 하거나?

어느 경건한 유대인이 있었습니다. 그는 하루를 정해 그 날 하루는 내내 시편을 외우기로 결심하였습니다. 이윽고 저녁이 찾아올 즈음, 랍비가 보낸 사람이 그의 시편 낭송을 방해하였습니다. 랍비가 그 사람을 보고 싶다는 것이었습니다. 경건한 유대인은 마음속으로 이렇게 생각했습니다.

랍비님께서 이리 급하게 부르시는걸 보면 아마 급한 일이겠지.
하지만 나는 지금 시편을 낭송하고 있는걸!
그 누구도 나를 막을 수는 없어.

그렇게 생각한 유대인은 랍비의 말을 전해준 사람에게 랍비에게는 시편 낭송을 끝내고 바로 찾아뵐 것이라고 전해달라고 하였습니다. 오래 지나지 않아 랍비가 보낸 사람이 다시 그 유대인에게 찾아왔습니다. 시편 낭송을 제쳐두고 지금 당장 와 주었으면 좋겠다는 랍비의 메시지였습니다. 그러자 이 유대인은 시편 낭송을 그만두고 랍비에게 찾아갔습니다. 그 남자가 도착하자 랍비가 물었습니다.

첫 번째로 말했을 때 오지 않은 이유는 무엇인가?"

그 유대인은 자기가 하나님을 찬양하는 찬송을 읊느라 바빴다고 설명하였습니다. 그러자 랍비가 말했습니다.

> 내가 자네를 부른 이유는 어려운 유대인들을 도울
> 쩌다카를 모금하기 위함이었다네.
> 찬송은 천사들이 부를 수 있지만, 어려운 사람들을 도울 쩌다카는
> 결국 사람이 모아야 하는 것이라네.
> 천사들은 쩌다카를 실천할 수 없으니, 쩌다카를 모으는 것이
> 시편을 읊는 계명보다 더 중요한 것이라네.

쩌다카와 하나님을 믿지 않음

랍비 사소브의 모세 라이프는 이렇게 말했다고 합니다.

> 하나님께서는 모든 사람들이 거룩한 목적을 생각하고
> 또 그것을 느낄 수 있도록 창조하셨습니다.

그러자 이 말을 들은 학생들 중 한 명이 이렇게 물었습니다.

> 하지만 선생님, 하나님이 없다고 생각하는 사람들은 어쩌죠?
> 그 사람들은 거룩한 목적을 이룰 수 없는 사람들인가요?

그러자 랍비가 이렇게 답하였습니다.

> 하나님이 없다고 생각하는 사람일지라도 거룩한 목적을 위해 일할 수 있음을,
> 쩌다카의 계명은 보여주고 있습니다.
> 어려운 사람이 하나님을 믿는 사람에게 찾아가 도움의 손길을 청할 때, 하나

님께서 다 하실 것입니다.

제가 굳이 당신께 쩨다카를 실천하지 않아도 됩니다.

언젠가 쩨다카를 실천해야 할 때가 온다면, 마치 그 사람을 도울 하나님께서 없는 것처럼 생각하고 행동하십시오. 모든 유대인들이 그리하여야 합니다. 이 세상의 모든 사람들은 자기가 어려운 사람을 도울 수 있는 유일한 사람인 것처럼 생각하고 행동해야 하는 것입니다.

ⓘ 다시 한 번 생각해봅시다

1. 기도나 믿음에 의지하는 것보다 먼저 다른 사람들을 '반드시' 도와야만 한다는 것에 관하여 위에 나오는 이야기들은 어떻게 보여주고 있나요?
2. 언제 여러분들은 기쁜 마음으로 쩨다카 모금을 하나요? 여러분의 부모님은 언제 여러분에게 도움을 주시나요?

예루살렘에서 두 명의 젊은 여성이 시각장애를 가진 아랍인에게 쩨다카를 실천하고 있습니다.

여러분은 이런 이야기를 들어보셨나요

여러분이 낸 쩨다카 기부금은 여러 단체들에게 돌아갑니다. 이 단체들은 배고픈 사람들에게 먹을 것을, 옷이 없는 사람들에게는 옷을, 외국에 사는 유대인들이 이스라엘로 귀환하는 것을 돕거나 의료 활동을 지원하는 등 여러 활동을 하고 있습니다. 미국 전역을 걸쳐 유대인들은 어려운 사람들을 위한 새로운 프로젝트를 계속해서 만들어내고 있습니다.

제17장

צִיּוֹנוּת

Tzionut

찌요누트

찌요누트 צִיּוֹנוּת 는 히브리어로 '시오니즘'이라는 뜻입니다. 찌요누트는 예루살렘 언덕의 이름인 '시온 צִיּוֹן'이라는 말에서 유래한 단어입니다. 이스라엘의 여러 시편들에서는 이 이름을 예루살렘 전체, 심지어 이스라엘 땅 전체를 비유하기 위해 사용하기도 하였습니다.

테오도르 헤르즐은 현대 이스라엘 국가의 국부입니다.

매년 이스라엘의 독립기념일이 되면 유대인들은 찌요누트의 승리와 이스라엘 국가의 건국을 기념합니다. 1968년 예루살렘에서 찍은 위 사진은 독립기념일 축제의 뜨거운 열기를 담고 있습니다. 6일 전쟁 기간에 이스라엘 도시가 다시 하나가 된 지 1년이 채 되지 않은 날입니다.

찌요누트는 유대인의 독립 국가를 세우자는 운동으로 시작되었습니다. 1948년 이스라엘 국가가 건국된 후에도 이 운동은 계속해서 이스라엘 국가를 지원하고 있습니다. 찌요누트를 지지하는 사람들을 시오니스트(Zionist)라고 부릅니다. 시오니스트들은 전 세계의 유대인들을 모아 유대인들의 국가를 만들고, 유대인들이 진정한 자기 집으로 돌아올 수 있도록 지원하였습니다.

이스라엘 국가의 주요 도시들 중 하나는 찌요누트의 위대한 성공으로 성장할 수 있었습니다. 1909년, 러시아에서 생겨난 초기 시오니스트 그룹이 야파라는 도시의 고대 해안부두 근처 모래사장에 세워졌습니다.

유대인들의 도시를 세우기 위해 모인 그들은 유대인들의 도시를 그 곳에 세우고, 그 이름을 텔 아비브(Tel Aviv)라 불렀습니다. 1980년대, 텔 아비브는 모래언덕만이 가득한 땅에서 세계의 대도시들 중 하나로 성장하였습니다.

수백만 명의 사람들이 텔 아비브와 야파 항이 위치한 지역에서 살아가고 있습니다. 본 장에서는 찌요누트의 역사와 그들의 현재 모습에 대해서 공부할 것입니다.

⭐ 우리가 배우게 될 새로운 교훈
1. 테오도르 헤르즐은 현대 이스라엘의 국부입니다.
2. 오늘날 시오니스트 단체들은 전 세계의 유대인들이 이스라엘 국가를 지원하도록 한데 모으는 역할을 하고 있습니다.

테오도르 헤르즐: 현대 이스라엘 국가의 국부

미국 사람들은 조지 워싱턴을 미국의 국부로 알고 있습니다. 유대인들도 현대 이스라엘 국가의 국부가 누구인지 알아야만 합니다. 조지 워싱턴과는 달리, 이스라엘의 국부는 그토록 고대하던 이스라엘 나라의 건국을 지켜보지는 못했습니다.

테오도르 헤르즐이 시오니스트 운동에서 어떤 역할을 하였는지 배운 다음 아래 질문에 대답해보세요.

헤르즐은 왜 찌요누트의 아버지로 불리게 되었나요?

마음만 먹으면, 꿈은 아니다.

1860년에 동유럽 부다페스트에서 태어난 테오도르 헤르즐은 변호사이자 작가, 신문기자였습니다. 그의 나이 서른넷이 되던 해, 그는 파리에서 열린 알프레드 드레퓌스의 재판의 변호를 맡게 되었습니다. 프랑스 포병대의 대위였던 유대인 드레퓌스는 군사기밀을 독일에 유출하였다는 누명을 쓰고 재판을 받게 되었던 것입니다. 1894년, 군사법정은 드레퓌스에게 유죄를 판결하고 무기징역을 선고하고 말았습니다.

반유대인 시위가 프랑스에서 일어났습니다. 다른 유대인들과 마찬가지로, 헤르즐 역시 드레퓌스 사건으로 큰 충격을 받게 되었습니다. 사실 그는 자신의 유대인으로서의 정체성에 대해 크게 생각해본 적이 없었기 때문입니다.

헤르즐은 수세기 동안 프랑스의 유대인들이 다른 프랑스 사람들과 동등한 권리를 누려왔다고 생각해왔습니다. 그러나 단 한 명의 유대인 장교에 대한 거짓 판결이 이토록 큰 반유대인 정서를 불러일으킬 수 있다

이 오래된 사진은 생각에 잠긴 헤르즐을 찍은 것입니다.

면, 유대인들은 어디에 있든지 큰 문제에 부딪치게 될 것이 불 보듯 뻔했습니다.

이 문제를 어떻게 해결할 수 있을까? 헤르즐의 대답은 바로 유대인들의 나라를 세우는 것이었습니다. 이스라엘 나라를 세울 계획을 조금 더 구체적으로 세우기 위해, 헤르즐은 스위스에서 첫 번째 시오니스트 세계회의를 개최하였습니다. 헤르즐은 1987년 첫 회의 이후 50년 이내에 유대인들의 나라가 세워질 것이라고 예상했습니다.

이스라엘의 약속의 땅, 즉 에레쯔 이스라엘로의 여행을 마친 헤르즐은 그 곳에서 현대 유대인의 국가를 묘사한 소설을 썼습니다. 그의 소설은 "마음만 먹으면, 꿈은 아니다."(If only you will it, it is no dream)이라는 말로 끝납니다. 이 말은 곧 시오니스트 운동의 슬로건이 되었습니다.

헤르즐은 찌요누트에 자신의 짧은 인생을 다 바쳤습니다. 1904년 그가 세상을 떠날 때에, 그의 나이는 겨우 40대 초반이었습니다. 이스라엘이 건국되는 해를 거의 정확하게 예상하였던 현대 이스라엘의 국부는 1948년, 그가 그토록 고대하던 이스라엘의 건국을 볼 수 없었습니다.

> ⚠ **생각해봅시다**
> 1. 헤르즐이 유대인들이 처한 문제를 해결하기 위해 시오니스트가 된 계기는 무엇인가요?
> 2. 헤르즐의 어떤 문장이 찌요누트의 슬로건이 되었나요?

프랑스에 만연했던 반유대인 정서를 만천하에 드러낸 알프레드 드레퓌스의 재판으로 인해 헤르즐은 유대인들이 자기 나라, 자기 땅이 없이는 언제든 위험에 처할 수 있다고 생각하게 되었습니다.

오늘날의 시오니스트 단체들

여러분이나 여러분의 부모님들은 스스로를 시오니스트라고 생각하시나요? 여러분이나 여러분의 가족들이 시오니스트 단체를 지원할 좋은 기회가 있습니다.

다음에 나오는 단체들에 대한 이야기를 읽고, 다음 질문에 대답해보세요.

얼마나 다양한 시오니스트 단체들이 이스라엘을 돕고 있나요?

머디나트 이스라엘을 지원하다
여러분의 어머니는 아마 하다사, 즉 미합중국 시오니스트 여성단체에 가입해있을 것입니다. 하다사는 세계에서 가장 큰 여성 유대인 그룹입니다. 하다사는 이스라엘 국가보다 30년보다도 더 전에 만들어졌습니다.

유대인의 국가가 건국되기 전, 하다사는 에레쯔 이스라엘 땅에 사는 사람들의 건강을 위해 힘쓴 단체입니다. 더 나아가 나치 독일에 있는 유대인 어린이들을 구하고 에레쯔 이스라엘로 이주시키는 활동을 지원하기도 하였습니다.

오늘날 하다사에서 모금하는 구호금은 이스라엘의 병원과 의학연구기관을 지원하는 데에 사용되고 있습니다. 히브루대학의 하다사 메디컬센터는 이스라엘에서도 중요한 연구기관입니다. 하다사에서 모은 모금액은 청소년들의 직업교육을 지원하는 데에 사용되기도 합니다.

일 년에 한 번 여러분의 부모님들도 아마 '유대연합기금'(United Jewish

Appeal, UJA)에 참여 할 것입니다. UJA에 모인 기금은 이스라엘의 어려운 사람들을 돕는 데에 사용됩니다.

유대민족기금(Jewish National Fund, JNF)을 통해 여러분도 머디나트 이스라엘을 지원할 수 있습니다. 1901년에 설립된 JNF에서 모금한 기금은 이스라엘 땅을 구입하는 데에 사용되었습니다. 이들이 구입한 땅 중에는 사막이나 늪지도 포함되어 있었습니다.

JNF는 땅을 개간하여 사람들이 농사를 짓고 살 수 있도록 하였습니다. JNF가 이스라엘 땅을 회복시킨 방법들 중 하나는 바로 나무를 심고 숲을 만드는 일이었습니다. 1월 30일, 티유 비슈바트(Tu B'Shvat, 이스라엘의 식목일 – 역자 주)에는 여러분도 이스라엘에 나무 기금을 JNF에 기부한 적이 있을 것입니다.

여러분이 태어날 때, 부모님의 친구들이나 친척들 중 몇 사람들은 여러분의 이름을 딴 나무를 심도록 JNF에 기부했을지도 모릅니다.

여러분의 공동체 안에도 하사다의 지원을 받는 '유대청소년회' 등 다양한 시오니스트 청소년 단체가 있을 것입니다. 부림절이나 하누카 때에는 여러분의 종교학교를 통해 여러분도 부모님을 여읜 이스라엘 아이를 위해 장난감을 기부해보았을 것입니다.

'장난감을 이스라엘 고아들에게'(Toys for Israeli Orphans'라는 프로그램은 미국의 시오니스트 단체 청소년 운동의 지원을 받고 있습니다. 시오니스트 청소년 단체에서 진행하는 이러한 프로그램들은 미국인 유대인 어린이들과 이스라엘 나라 간의 유대감을 더욱 더 키워주고 있습니다.

하다사의 지원을 받는 '유대청소년회'(Young Judaea)는 미국의 시오니스트 청소년단체들 중 하나입니다. 성전 청소년중앙회(National Federation of Temple Youth), 시나고그 청소년연합(United Synagogue Youth), 브나이 아키바(B'nei Akiva)와 같은 단체들도 찌요누트에 대한 애정을 함께하고 있습니다.

ⓘ 다시 한 번 생각해봅시다

1. 하다사의 구성원들이 찌요누트를 지원하는 두 가지 방법은 무엇인가요?
2. 여러분이 관심 있는 시오니스트 단체를 세 가지 말해본 후, 이 단체들에 관심을 가지는 이유를 말해보세요.

제18장

רַחֲמָנוּת

Rahamanut

라하마누트

'라하마누트 רַחֲמָנוּת'는 '연민', 즉 나와 다른 피조물이 겪는 고통을 함께 나누고 함께 돕고자 하는 마음입니다. 공동체 안에서 우리는 다른 사람들의 문제에 라하마누트를 느끼고 이를 나누어야 합니다.

친절한 말 한 마디, 따뜻한 손길, 어머니의 사랑 이런 것이 바로 라하마누트입니다.

사소브의 랍비 모세 레이브는 우는 아이를 달래며 아이의 울음이 멈출 때까지 대속죄일 저녁 예배를 시작하지 않았습니다.

랍비 이스로엘 살란테이가 이제 막 식사를 하려던 참이었습니다. 학생들은 그가 식사 전 손을 씻는 모습을 지켜보고 있었습니다. 그러나 그가 물을 많이 쓰지도 않고 손을 대충 씻는 것을 본 학생들은 그 광경에 놀라고 말았습니다. 랍비 힐렐과 아키바의 가르침대로, 손을 깨끗이 하는 것이 얼마나 중요한 일인지 학생들은 배워 알고 있기 때문이었습니다.

학생들은 살란테이에게 물었습니다.

선생님, 물을 왜 이리 아끼시는 겁니까? 물통에는 물이 가득합니다. 게다가 물이 더 필요하면 종들이 물통을 더 가져올 것입니다.

그러자 랍비 살란테이가 답했습니다.

물통의 물을 다 쓰면 종들이 멀리 있는 우물에서 무거운 물통을 지고 집까지 와야 될 것이 아닌가. 몸을 깨끗이 하라는 계명은 잘 알고 있네. 하지만 계명을 지키기 위해 다른 사람에게 고통을 지우는 것은, 내게 라하마누트를 한다네.

본 장에서는 라하마누트, 즉 연민의 마음을 보이고 다른 사람의 아픔을 공감하는 것이 곧 하나님을 높이는 일임을 배울 것입니다. 더 나아가 보상을 바라지 않고 라하마누트를 실천한 어느 랍비의 이야기도 함께 읽어볼 것입니다.

⭐ 우리가 배우게 될 새로운 교훈

1. 라하마누트를 실천하는 것이 곧 하나님께 기도하는 것입니다.
2. 보상을 바라지 않는 라하마누트가 최고의 라하마누트입니다.

라하마누트가 곧 기도이다

먼 옛날, 이사야 선지자는 고아와 과부들에게 라하마누트를 보이지 않는 이스라엘 백성들에게 날선 비판을 하였습니다. 다른 사람들을 나쁘게 대하면, 하나님께서도 기도를 들어주시지 않을 것이라고 외쳤던 것이었습니다. 이사야 선지자의 비판은 사람들의 모범이 되지 못한 지도자들에게도 돌아갔습니다.

이후, 이사야 선지자의 시대가 지난 후에도 유대 지도자들은 하나님께 기도하는 것과 하나님의 피조물에게 라하마누트를 실천하는 것, 둘 중 하나를 꼽으라면 라하마누트가 먼저라고 생각했습니다.

아래에는 이런 생각을 한 지도자의 이야기가 나옵니다. 다음 이야기를 읽고 다음 질문에 대답해보세요.

자비를 구하는 기도를 드릴 때, 유대인들은 하나님의 어떤 이름을 부르나요?

라하마누트의 실천도 곧 기도이다

때는 대속죄일 저녁이었습니다. 매년 대속죄일 저녁에 하던 대로, 콜 니드레이 기도문을 함께 읊을 때가 된 것입니다. 사소브의 랍비 모세 레이브가 이끌던 모든 공동체 사람들이 회당에 모였습니다. 이제 마지막으로 랍비 레이브가 오기만을 모두가 기다리고 있었습니다.

모임의 사람들은 오랫동안 레이브를 기다렸습니다. 하지만 결국 랍비가 너무 늦게까지 오지 않았으므로, 사람들은 랍비 없이 콜 니드레이 기도문을 함께 읊었습니다. 세 번째 기도문이 거의 끝날 무렵, 랍비 레이브가

여러분은 이런 이야기를 들어보셨나요

비르카트 하마존 בִּרְכַּת הַמָּזוֹן, 즉 식후 기도문을 여러분이 잘 알고 있다면, 이 기도문에서 하나님의 이름을 '하라하만 הָרַחֲמָן'이라 부르는 것도 잘 알고 있을 것입니다.

어린이들은 할머니와 할아버지의 집에 찾아가 노래를 하거나 연극을 하여 라하마누트를 실천할 수 있습니다.

도착했습니다. 사람들은 헐레벌떡 도착한 랍비 레이브에게 왜 이리 늦게 오셨냐고 물었습니다. 랍비는 그들에게 이렇게 말했습니다.

> 형제자매님들, 회당으로 오다가 한 아이의 울음소리를 듣고 걸음을 멈추었습니다.
> 울음소리를 따라가 보니, 어느 작은 집 앞이었습니다.
> 노크를 해보았으나 아무도 나오지 않길래 조용히 문을 열고 보니
> 부모님이 아이를 두고 콜 니드레이 기도를 드리러 회당으로 갔더군요.
> 부모님과 떨어져 서럽게 우는 아이를 그대로 두고 나올 수는 없어서
> 아이가 잠들 때까지 달래주었습니다.
> 아이가 잠든 후에야 이렇게 회당으로 오게 된 것입니다.

이 말을 들은 한 사람이 랍비에게 물었습니다.

선생님, 무례한 말이라면 죄송합니다만,
대속죄일에 제일 우선해야 할 의무는 바로 기도가 아니겠습니까?

그러자 랍비 레이브는 이렇게 대답했다고 합니다.

기도할 때 보통 하나님을 '하라하만', 즉 자비의 하나님이라고 부르지요.
라하마누트를 실천하는 것도 곧 기도입니다.

❗ 다시 한 번 생각해봅시다
1. 랍비 모세 레이브가 예배에 늦은 이유는 무엇인가요?
2. 여러분 공동체의 랍비 선생님께서 위 이야기와 같은 이유로 여러분의 성인식 예식에 늦었다면, 여러분은 어떤 기분일지 이야기해봅시다.

보상을 바라지 않는 라하마누트

여러분이 길을 걷다가 어느 할아버지를 도와드렸다고 해봅시다. 그 길로 여러분의 친구나 부모님께 달려가 여러분이 한 일을 자랑할 것인가요? 아니면 여러분이 한 일을 조용히 숨기고 다른 사람들에게 말하지 않을 것인가요? 라하마누트를 실천하기 위해 매번 먼 길을 왔다 가면서도 하나님과 자신 사이의 비밀로 지킨 어느 랍비의 이야기를 읽어보고, 다음의 질문에 대답해봅시다.

랍비 네미로프가 가난한 과부에게 보인 라하마누트에서 특별한 점은 무엇일까요?

라하마누트를 실천하라는 이사야 선지자의 가르침은 정의와 자비를 가르치는 기독교 사상의 형성에 영향을 주었습니다. 이사야 선지자를 그린 위 그림은 이탈리아 라벤나의 어느 교회의 벽에 그린 그림입니다.

랍비 실종 사건

나팔절이 시작되는 날부터 대속죄일이 끝나는 날까지의 기간은 특별히 다른 날들보다 거룩한 날입니다. 전통적으로 회당에서는 이 기간에 아침 예배를 드리기 전 특별한 기도를 합니다. 하지만 매년, 나팔절과 대속죄일 사이의 이 거룩한 기간에, 매주 금요일마다 아침 예배도 드리지 않고 사라져버리는 랍비가 있었습니다. 바로 네미로프의 한 랍비였습니다.

금요일만 되면 회당에서도, 학당에서도, 개인기도 시간에도, 심지어 집에서도 그의 모습을 찾을 수 없었습니다. 그 누구도 랍비가 어디로 가는지 알지 못했습니다. 랍비의 제자들은 랍비가 매주 금요일 아침마다 천국에 가서 하나님께 간구를 한다고 주장했습니다. 하지만 제자들의 말을 의심하는 사람이 한 명 있었습니다. 여기서는 이 사람의 이름을 못텔이라고 합시다.

<blockquote>심지어 모세조차도 살아생전에는 천국에 가지 못했잖아?</blockquote>

의심을 떨쳐내지 못한 못텔은 마침내 네미로프의 랍비가 매주 금요일 아침마다 어디로 사라지는지를 밝혀내기로 마음먹었습니다.

목요일 밤, 못텔은 계획을 실천하기로 했습니다. 저녁 예배가 끝나자 그는 랍비의 침대 밑에 몰래 숨어 밤이 지나길 기다렸습니다. 이윽고 아침이 되었습니다. 잠에서 깬 랍비의 일거수일투족을 하나도 놓치지 않고 지켜보던 못텔은 깜짝 놀라고 말았습니다. 옷을 갈아입으러 옷장으로 간 랍비가 별안간 나무꾼의 옷을 입고 있었기 때문이었습니다. 옷을 다 입은 랍비는 허리춤에 도끼를 차기까지 했습니다.

랍비가 나무꾼 옷을 입고 집을 떠나자, 못텔은 그의 뒤를 밟았습니다. 랍비는 어느 숲으로 들어가더니 허리춤에 찬 도끼로 열심히 나무를 베었습니다.

수 시간 동안 나무를 한 랍비는 무거운 땔감들을 짊어지고 어느 작은 마을의 낡은 판잣집으로 향했습니다. 랍비가 집 문을 두드리자, 한 여성의 힘없는 목소리가 들려왔습니다.

누구세요?

그제서야 못텔은 그 집이 병을 앓고 있는 어느 유대인 과부의 집이라는 것을 알게 되었습니다.

나무꾼 바실입니다. 나무를 팔러 왔어요.

랍비가 답했습니다. 그리고는 과부가 답하기도 전에 판잣집으로 들어갔습니다. 못텔은 몰래 따라가 판잣집 안을 들여다보았습니다. 그 낡은 판잣집 안에는 한 눈에 보아도 몸이 아픈 여인이 누더기를 덮은 침대 위에 누워있었습니다.

이렇게 싼 값에 어떻게 나무를 사겠어요?

여인이 말했습니다.
그러자 나무꾼 바실, 아니 랍비가 이렇게 대답했습니다.

돈을 빌려줄게요. 여기, 6센트요.

이 돈을 제가 갚을 수나 있을까요?

저와 같은 러시아 나무꾼들은 유대인들을 신뢰해요.
설령 당신처럼 아프고 가난하더라도 말이지요.
당신을 지켜주시는 자비의 하나님이 고작 6센트 정도도 돕지 못하시겠어요?

여인이 답하기도 전에, 랍비는 바로 아궁이에 불을 피웠습니다. 자기가 해온 나무로 불을 피우는 동안, 랍비는 나지막이 그 날 외워야 하는 아침 기도문을 외우고 있었습니다.

사실 그 랍비는 천국보다 더 높은 곳에 갔다 온다네.

못텔은 네미로프의 랍비가 나무꾼 옷을 입고 숲으로 들어가 나무를 베는 모습을 보고 깜짝 놀랐습니다. 이 모습을 본 못텔은 이 랍비가 실천한 라하마누트를, 그 모습을 그 누구에도 말하지 않았습니다. 그 대신, 가끔 사람들이 랍비가 금요일 아침마다 천국에 갔다는 말을 들으면, 못텔은 조용히 말했습니다.

제18장 라하마누트

고양이를 쓰다듬고, 강아지와 놀고, 말과 얼굴을 부비는 것도 동물들에게 라하마누트를 보여주는 것입니다. 하나님의 창조물들인 동물들에게 보이는 여러분의 라하마누트는 여러분에게도 돌아올 것입니다.

ⓘ 한 번 더 생각해 봅시다

1. 네미로프의 랍비는 자신의 라하마누트를 비밀로 지키려 어떻게 노력했나요? 세 가지 방법을 써봅시다.
2. '천국보다 더 높은 곳에 갔다 온다'라고 말한 못텔의 말은 무슨 뜻일까요?
3. 라하마누트를 실천했지만 다른 사람들에게 자랑하지 않은 아이의 이야기를 지어봅시다.

제19장

שָׁלוֹם

Shalom

샬롬

'평화'라는 의미를 가지고 있는 '샬롬'은 '안녕'이나 '잘 가라'는 인사말로도 쓰입니다. 그러나 원래 의미는 '온전함', '완전함'을 의미하는 히브리어 '슐레이무트 שְׁלֵמוּת'가 바로 샬롬이라는 말에서 나왔습니다.

성경이 기록된 시대에 올리브 가지를 문 비둘기는 평화의 상징이었습니다.

메릴랜드에서 이집트의 안와르 사다트 대통령과 미국의 지미 카터 대통령, 그리고 이스라엘의 므나헴 수상이 이스라엘과 이집트 간의 평화 조약을 축하하는 모습입니다. 이 평화 조약은 매우 보기 드문, 두 나라 간 평화의 좋은 모범입니다.

히브리어에서 가장 중요한 단어를 하나 꼽으라면, 바로 샬롬 שלום을 들수 있지 않을까요? 매일 우리는 서로에게 샬롬이라는 인사를 하며 서로의 마음에 평화가 깃 들기를 바라며, 사람과 사람 간, 가족과 가족 간, 나라와 나라 간에 다툼과 분쟁이 없는 세상이 오기를 바랍니다.

유대교에서는 전통적으로 '샬롬'에 대해 어떻게 생각했는지, 본 장에서 함께 탐구해볼 것입니다. 먼저 사람과 사람 사이의 평화가 얼마나 중요한 지를 살펴본 후, 가정의 평화가 중요하다는 것을 배울 것입니다. 마지막으로는 세계 평화를 향한 유대인들의 염원을 함께 살펴보고자 합니다.

> ★ **우리가 배우게 될 새로운 교훈**
> 1. 하나님께서는 사람과 사람 사이의 평화를 지키라고 하셨습니다.
> 2. 샬롬 바이트(Sh'lom Bayit)는 평화로운 가정이라는 뜻입니다.
> 3. 모든 나라들이 정의와 진리의 이상을 받아들일 때, 더불어 사는 평화의 나라가 될 것입니다.

개인의 다툼과 샬롬

랍비들은 온갖 금은보화로도 샬롬을 살 수 없다고 가르쳤습니다.

> **샬롬이 없다면, 그 무엇도 가치가 없도다.**

더 나아가 랍비들은 사람과 사람 사이의 분쟁을 해결하고 평화를 이루는 것이 얼마나 중요한 일인지를 잘 보여주는 이야기를 전하고 있기도 합니다. 아래 두 이야기를 읽고, 다음 질문에 대답해보세요.

(a) 아론은 어떻게 평화를 이루는 중재자가 될 수 있었나요?
(b) 다툼을 말리고 평화를 이루는 것이 중요하다는 사실을 가르쳐주는 엘리사의 가르침이 나오는 전설은 무엇인가요?

아론, 평화의 수호자

랍비들의 기록에 따르면, 모세의 형이었던 아론은 평화를 추구한 중재자였다고 합니다. 두 사람이 서로 다투면, 아론은 서로 다툰 사람들에게 따로 찾아가 이렇게 말해주었다고 합니다.

> 당신 친구가 지금 후회하고 있다는 걸 알고 있나요?
> 지금 그 친구는 당신에게 했던 말을 곱씹으며 스스로를 비난하고,
> 다음에 만날 땐 당신에게 용서를 구할 수 있기를 바라고 있답니다.

이렇게 함으로써 아론은 두 사람이 서로 화를 풀 수 있도록 유도하였다고 합니다. 이전에는 원수이었던 두 사람이 다음에 만날 때에는 서로를 용서하도록 한 것입니다.

어느 전설에 따르면 모세가 세상을 떠났을 때보다 아론이 세상을 떠났을 때 사람들이 더 슬퍼했다고 합니다. 당시 이스라엘 사람들은 율법을 가져온 사람보다 평화를 가져온 사람에게 더 쉽게 마음을 준 모양입니다. 아론이 세상을 떠나고 수백 년이 지난 다음 힐렐은 아론의 모범을 따라 평화를 사랑하고 또 추구하라고 사람들에게 가르쳤다고 합니다.

중재자와 올 세상

아주 먼 옛날, 한 랍비가 있었습니다. 그는 시장에 갈 때마다 엘리사 선지자를 만나곤 한다고 했습니다. 그 날도 랍비는 시장에 가서 사람들을 둘

여러분은 이런 이야기를 들어보셨나요

여러분의 공동체에 있는 학당에서도 평화를 추구한 아론의 별명이 적혀있을 것입니다. 바로 로데프 샬롬 רוֹדֵף שָׁלוֹם 즉 '평화를 추구하는 자'라는 별명입니다.

두 사람의 미소와 평화를 사랑하는 모습을 본 엘리사는 그들이 다가올 세상에서 특별한 곳에 있을 것이라고 말했습니다.

1948년 건국된 이래로, 이스라엘 국가는 다섯 번이나 큰 전쟁을 치루었습니다. 하지만 전쟁과 동시에 평화를 위해 활발히 움직이기도 하였습니다. '피스 나우'(Peace Now) 운동을 찍은 사진에서 검은색 글씨로 쓰인 히브리어는 무엇일까요?

러보다가, 엘리사 선지자에게 물었습니다.

이 사람들 중 우리에게 찾아올 새로운 세상에서 특별한 자리에 갈 만한 귀한 사람이 있습니까?

그 말을 들은 엘리사는 지금 시장에 그런 사람은 없다고 답하였습니다. 잠시 후, 두 사람이 나타났습니다. 이 사람들은 미소가 가득한 표정으로 시장을 거닐며 만나는 사람마다 상냥하게 인사를 건네었습니다. 그 모습을 본 엘리사가 랍비에게 말했습니다.

제19장 샬롬   **185**

저 두 사람은 올 세상에 자기 몫을 받을 것입니다.

랍비는 저 두 사람이 왜 그리 특별한지 궁금했습니다. 궁금증을 참지 못한 랍비는 이내 두 사람에게 다가가 말을 걸었습니다.

안녕하세요. 아까 어떤 사람에게 들었는데, 당신 두 사람이 존귀한 사람이라고 하더군요. 그 이유가 뭔지 알 수 있을까요?

그러자 두 사내가 대답했습니다.

저희가 특별히 남들보다 더 귀한지는 잘 모르겠습니다.
그저 표정이 어두운 사람을 볼 때마다 기운을 내라며 응원해주고,
싸우는 사람을 볼 때마다 싸움을 멈추고 서로 용서할 수 있도록 최선을 다합니다. 그 뿐입니다.

🤔 생각해 봅시다

1. 아론이 평화를 추구한 방법은 무엇이었나요?
2. 엘리야는 평화의 중요함을 어떻게 가르쳐주었나요?
3. 여러분이 아론과 위 이야기에 등장하는 두 사람과 같은 사람이 되려면 어떻게 해야 할까요? 두 가지를 말해봅시다.

샬롬 바이트

이 세상에 평화를 전파하고 싶나요? 세계 평화는 바로 여러분의 집에서 시작하는 것입니다. 가정의 평화를 뜻하는 히브리어 표현이 바로 '샬롬 바이트 שלום בית'입니다. 어느 유명한 랍비 선생님의 말에 따르면, 하나님께

서는 스스로 샬롬 바이트, 즉 가정의 평화가 되고 싶어 하신다고 합니다. 랍비 선생님이 말하는 다음 이야기를 읽고, 아래 질문에 대답해보세요.

샬롬 바이트를 위해 하나님께서 아브라함에게 숨기신 것은 무엇일까요?

아브라함과 사라의 샬롬 바이트를 위해

토라 학자들 중 가장 유명한 사람을 한 명 꼽으라면, 바로 라쉬(Rashi)일 것입니다. 라쉬는 약 1000년 전 프랑스에 살았던 랍비입니다. 라쉬는 토라를 읽을 때마다 토라의 모든 단어에서 의미를 발견하였다고 합니다. 심지어 라쉬는 토라에서 '말하고 있지 않은' 의미도 단어 속에서 찾아내었습니다.

아브라함의 집을 방문했던 세 명의 손님 이야기에서 라쉬는 하나님께서 샬롬 바이트에 관심을 가지셨다는 것을 발견하였습니다. 세 명의 손님이 아브라함의 집을 찾아왔을 때, 아브라함과 사라는 손님들을 위해 식사를 준비했습니다. 아브라함이 천막 밖에 있는 손님들을 대접하는 동안, 사라는 천막 안에 있었습니다. 식사가 끝난 후, 손님들 중 한 명이 아브라함에게 말했습니다.

당신의 아내 사라가 아이를 낳을 때에 다시 찾아오겠습니다.

사라는 천막 안에서 그 말을 조용히 듣고 있었습니다. 사실 아브라함과 사라 사이에는 거의 백 년 동안 아이가 생기지 않았습니다. 사라가 그 말을 듣고 웃은 이유를 여러분도 이해할 수 있겠지요? 사라는 조용히 중얼거렸습니다.

아브라함과 사라의 샬롬 바이트를 위해, 하나님께서는 아브라함에게 사라의 말을 그대로 전해주지 않으셨습니다.

나는 기력이 다 쇠진하였고, 나의 남편도 늙었는데,
어찌 나에게 그런 즐거운 일이 있을까!

하지만 그 작은 말소리도 하나님께서는 들었습니다. 토라에는 하나님께서 아브라함에게 이렇게 말씀하셨다고 나옵니다.

어찌하여 사라가 웃으면서
'이 늙은 나이에 내가 어찌 아들을 낳으랴?' 하느냐?
나 주가 할 수 없는 일이 있느냐?

라쉬는 사라가 천막에서 중얼거린 말을 꼼꼼하게 연구하였고, 사라가 한 말과 하나님께서 사라의 말이라고 하신 말씀을 서로 비교하여보았습니다. 여러분도 이 두 말을 한 번 비교해보면, 어떤 차이가 있는지 발견할 수 있을 것입니다.

사라: 나의 남편도 늙었는데, 내가 어찌 아들을 낳으랴?
하나님: '이 늙은 나이에 내가 어찌 아들을 낳으랴?'

사라는 아브라함이 늙어 아들을 낳지 못한다고 했지만, 하나님께서는 아브라함에게는 사라가 자신이 늙어 아들을 낳지 못한다고 말했다고 하셨습니다. 즉 아브라함이 사라의 '남편이 늙었다'는 말을 듣고 화내지 않도록 말을 조금 바꾸신 것입니다. 하나님께서는 이렇게 샬롬 바이트를 지키셨습니다.

❗ 다시 한 번 생각해봅시다

1. 토라에 나오지 않은 메시지를 토라의 단어에서 발견한 예를 하나 들

어봅시다.
2. 위 이야기에서, 하나님께서는 아브라함에게 진실을 말하신 것일까요? 선의의 거짓말을 하신 것일까요? 여러분의 생각을 말해봅시다.
3. 어떻게 하면 우리도 하나님을 본받아 다른 사람에 대한 험담을 피하고 평화를 이룰 수 있을까요?

나라 간의 평화

모든 유대교 예배에는 평화를 위한 기도 시간이 있습니다. 우리에게 평화를, 우리나라에 평화를 주시기를 기도하는 아세 샬롬 빔로마브 בִּמְרוֹמָיו עֹשֶׂה שָׁלוֹם 라는 찬양을 여러분도 들어보았을 것입니다. 하지만 우리는 우리나라의 평화뿐만 아니라 세계에 평화가 찾아오기를 기다립니다. 다음 이야기를 읽고, 아래 질문에 대답해보세요.

선지자들이 말하는, 지금 우리가 사는 세상과 다가올 미래의 평화의 세상이 다른 점은 무엇인가요?

"나라와 나라가 서로 칼을 들지 않으며"

이사야 선지자와 미가 선지자는 국가 간 전쟁이 더 이상 없을 그 날을 기다리던 사람들이었습니다. 모든 나라들이 하나님의 법과 심판을 받아들이는 그 날에 평화의 때가 올 것입니다. 그 날이 오면, 사람들은 사람을 죽이기 위한 무기를 모두 녹여 사람을 위한 농기구를 만들 것입니다.

뉴욕에 위치한 국제연합 UN의 본부 바로 맞은편에는 세계 평화를 위한 동상이 세워져 있습니다. 칼을 녹이고 있는 대장장이의 모습을 한 이 동상의 제목은 미가서와 이사야서의 구절인 '칼을 쳐서 보습을 만들며'(Let

Us Beat Swords into Plowshares)입니다.

스가랴 선지자 역시도 미래의 평화를 예언하였습니다. 그 날에는 예루살렘이 '진리의 도성'이 될 것이며, 수많은 나라들이 예루살렘으로 찾아와 하나님께 은혜를 구하고, 하나님께서는 진리와 정의로 온 세상을 통치할 것입니다. 하나님의 이름으로, 스가랴 선지자는 이렇게 선포하고 있습니다.

서로 진실을 말하여라.
너희의 성문 법정에서는 참되고 공의롭게 재판하여, 평화를 이루어라.

유대인들에게 평화는 진리와 정의가 서로 손잡는 것입니다. 라반 시므온 벤 가말리엘의 가르침을 봅시다.

세상은 세 가지 신념 위에 서있습니다. 바로 진리와 정의, 그리고 평화이다."

다시 한 번 생각해봅시다

1. '칼을 쳐서 보습을 만들며'라는 동상을 보고, 사람들은 어떤 선지자의 말씀을 생각할까요?
2. 스가랴 선지자와 라반 시므온 벤 가말리엘이 평화와 함께 언급한 신념은 무엇인가요?
3. 미래의 평화를 위해 여러분과 같은 나이의 유대인 어린이들이 할 수 있는 일은 무엇이 있을까요? 두 가지를 말해봅시다.

여러분 스스로가 찾아 보세요

하나님께서 아브라함과 사라의 샬롬 바이트를 지켜주신 이야기는 창세기 18장 9-15사이에 나옵니다. 평화에 대한 예언은 각각 이사야 2장 1-4, 미가 4장 1-5, 그리고 스가랴 8장에서 찾을 수 있습니다.

제20장

תְּפוּצוֹת

Tefutzot

터푸쪼트

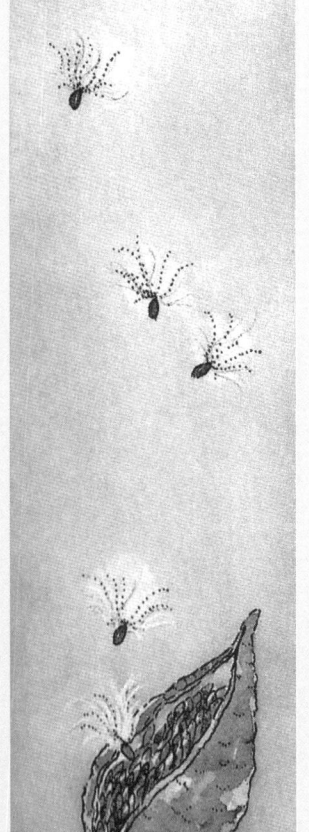

터푸쪼트는 이스라엘 나라 밖에 사는 유대인들을 뜻하는 말로, '흩어지다'라는 의미를 가진 히브리어 '나파쯔 נָפַץ'에서 유래 된 말입니다. 영어로는 '디아스포라'라고 합니다.

엉겅퀴의 씨앗과 같이, 유대인들의 삶이라는 씨앗은 전 세계에 퍼져있습니다.

이스라엘 땅에 사는 유대인의 약 세 배가 되는 유대인들이 해외에서 디아스포라로 살아갑니다. 6백만 명 가까이 되는 유대인들이 미국에 살고 있으며, 그 중 75만 명은 캘리포니아에 살고 있습니다. 왼쪽의 사진은 캘리포니아에 사는 유대인들을 찍은 사진입니다.

192페이지에서 찾을 수 있는 지도에는 전 세계에 얼마나 많은 유대인들이 퍼져있는지 자세히 나와 있습니다. 나라 이름 옆에 있는 동그라미가 크면 클수록, 더 많은 유대인들이 그곳에 살고 있다는 뜻입니다. 여러분이 보시는 것처럼 이스라엘 땅에 사는 유대인들보다 이스라엘 밖에 사는 유대인들이 훨씬 많습니다. 예를 들면, 북아메리카의 유대인들의 수는 이스라엘 땅에 사는 유대인들 수의 거의 두 배입니다.

유대인들은 때로는 어쩔 수 없이 터푸쪼트, 즉 디아스포라가 되기도 하였습니다. 소련 유대인들은 아직까지도 어쩔 수 없이 이스라엘 땅 바깥에서 살아가는 사람들입니다. 소련에서는 그들에게 유대인으로서의 전통과 관습을 따르지 못하도록 하지만, 동시에 소련을 떠나 이스라엘로 돌아가도록 허락하지도 않습니다. 이러한 경우를 제외한 나머지는 해외에 터푸쪼트로 남기로 한 유대인들입니다.

오늘날 대부분의 유대인들은 북아메리카 지역에 살고 있습니다. 하지만 유대 역사를 통틀어 디아스포라로 살아간 유대인들은 약속의 땅, 에레쯔 이스라엘에 대한 특별한 감성을 마음속에 품고 살아왔습니다.

본 장에서 먼저 읽을 전설 같은 이야기는 유대인들이 외국에서도 하나님을 향한 믿음을 지킬 수 있었음을 배울 것입니다. 그 다음으로 해외에 사는 유대인들이 디아스포라로서 얻을 수 있던 기회들에 대해 읽어보고자 합니다.

⭐ 우리가 배우게 될 새로운 교훈

1. 전설에 따르면, 유대인들은 외국에 살면서도 믿음을 잃지 않았습니다.
2. 많은 유대인들은 디아스포라 생활을 통해 유대 문화를 전파하고 다른 유대인들을 도울 수 있다고 생각했습니다.

외국에서 유대인으로 살아가다

디아스포라로 살아온 수 세기 동안에도 유대인들은 어떻게 유대인으로 남아있을 수 있었을까요? 이를 이해할 수 있는 사람들은 많지 않을 것입니다. 앞으로 여러분이 읽게 될 옛날이야기는 유대인들이 약속의 땅 바깥에서 살아가면서도 유대인으로서의 정체성을 잃지 않고 믿음을 지켰다는 것을 보여줍니다. 다음에 나오는 이야기를 읽고, 아래 질문에 대답해 보세요.

하나님께서는 디아스포라 유대인들이 유대인으로 남아있을 수 있다고 생각하셨습니다. 그 이유는 무엇일까요?

해외에서 거룩한 유대인으로 살아가는 것

첫째 성전이 파괴되었습니다. 바빌로니아 군인들은 수많은 유대인들을 자기 나라로 끌고 갔습니다. 여호수아의 지도로 약속의 땅에 들어갔던 유대인들은 처음으로 낯선 땅에서 디아스포라로 살아가게 되었습니다.

베이트 하터프쪼트 박물관에 전시된 미니어처입니다. 이 작품은 과거부터 현재까지 유대인 공동체들의 복장과 문화를 자세히 보여주고 있습니다.

194 유대인이 자녀들에게 들려주는 이스라엘 이야기

한 전설에 따르면, 천사들은 성전이 파괴되고 이스라엘 백성들이 포로로 끌려가는 광경을 보고 화를 참을 수 없었다고 합니다. 그들은 하나님께 찾아가 이렇게 말했습니다.

> 유대인들은 약속의 땅에 살 때조차 하나님대신 우상을 섬겼습니다.
> 이제 어떻게 하죠? 이제 약속의 땅을 떠난 저 사람들은 유대인으로서의 모습을 잃어버리고 하나님을 섬기지 않을 것입니다. 우상을 섬기게 될 것입니다.

하지만 하나님께서는 오히려 그런 천사들을 안심시키셨습니다.

> 난 내 백성들을 믿는다.
> 어디에 살든지 그들은 나를 예배할 것이다.
> 다른 민족들은 역사 속에서 소리 소문 없이 사라질지 모른다.
> 그러나 유대인들은 큰 고통을 받더라도,
> 핍박을 받더라도 사라지지 않을 것이다.
> 살아온 모든 순간, 모든 나라에 자신의 흔적을 남길 것이며,
> 믿음을 지키며 영원히 살아남을 것이다.

🔔 생각해봅시다

1. 천사들은 디아스포라로 살게 된 유대인들이 정체성을 잃을 것이라고 걱정하였습니다. 그 이유는 무엇인가요?
2. 유대인들의 역사 속에는 매우 끔찍한 사건들이 있었음에도 불구하고 좋은 결실을 맺은 사건은 무엇이 있을까요? 두 가지를 말해봅시다.

여러분은 이런 이야기를 들어보셨나요

디아스포라의 집, 즉 베이트 하터프쪼트 בֵּית הַתְּפוּצוֹת라는 이스라엘의 박물관입니다. 이 박물관은 텔아비브 대학교 캠퍼스 내에 위치하고 있습니다. 베이트 하터프쪼트에 전시된 물건들은 나치 정권 아래에서 파괴된 동유럽 유대인 공동체를 포함한 대부분의 디아스포라 유대인 공동체의 역사와 삶을 보여주고 있습니다. 박물관에 위치한 컴퓨터를 통해 관람객들은 디아스포라로 살았던 조상들의 역사를 찾아볼 수 있습니다.

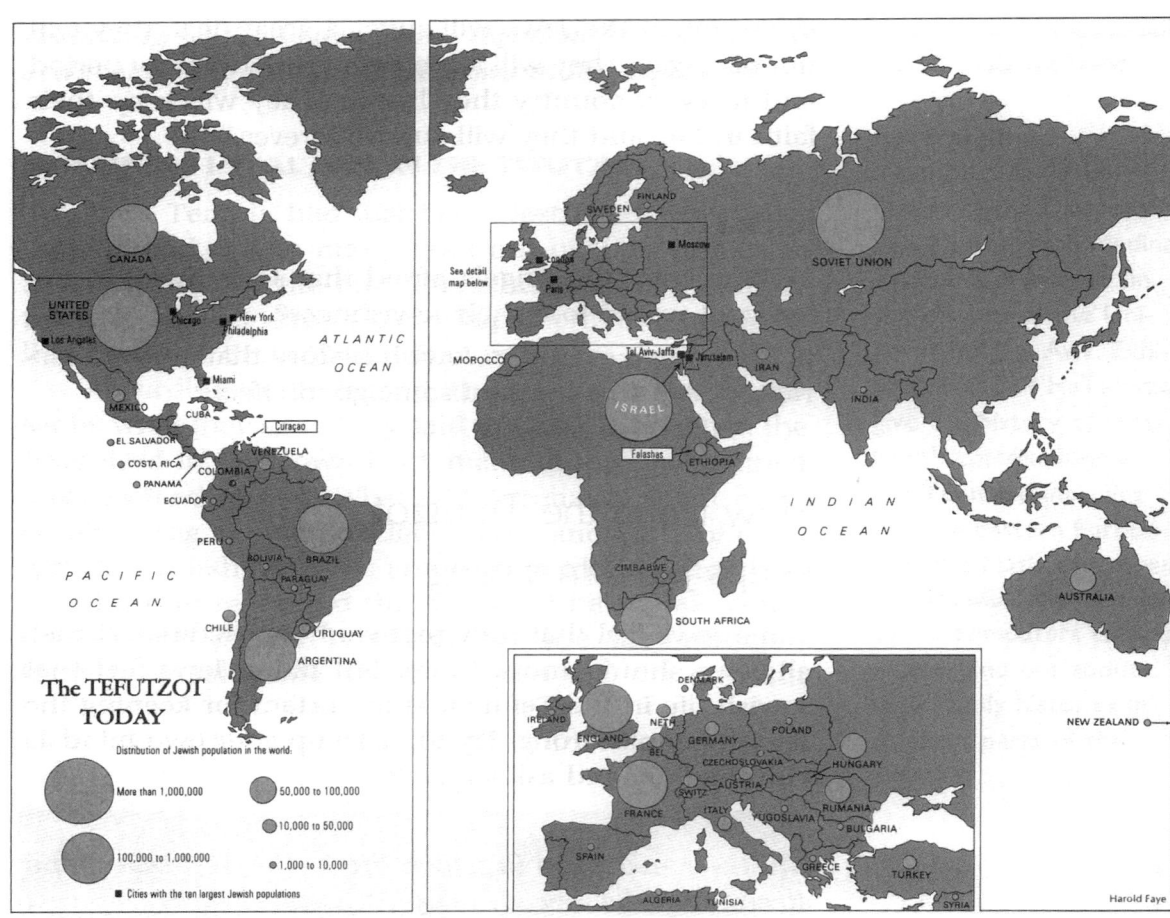

유대인과 비유대인을 구분하는 것은 쉽지 않은 일입니다. 따라서 전 세계 유대인의 인구가 얼마나 되는지를 정확히 알 수는 없습니다. 학자들에 따르면 전 세계에는 약 1,300만 명의 유대인들이 살고 있으며, 그 중 330만 명의 유대인들이 머디나트 이스라엘, 970만 명의 유대인들이 디아스포라로 살고 있다고 합니다. 디아스포라 유대인들의 5분의 3 가량이 북아메리카에 거주하고 있습니다. 나머지 180만 명의 유대인은 소련과 동유럽에 살고 있으며, 백만 명 이상의 유대인이 서유럽에 살고 있습니다.

유대교를 성장시킨 원동력: 디아스포라

몇몇 유대인들은 이제 유대인의 나라인 머디나트 이스라엘이 건국되었으니 전 세계의 모든 유대인들이 이스라엘 땅으로 돌아와야 한다고 생각합니다. 하지만 많은 유대인들은 이미 디아스포라 유대인들이 유대 민족을 더욱 강하게 하는 원동력이라고 생각합니다. 다음 내용을 읽고 여러분의 생각을 정리해 보시기 바랍니다. 그리고 다음 질문에 대답해 보세요.

디아스포라의 삶이 유대 민족을 더욱 강하게 하는 원동력이 되는 이유를 두 가지 말해보세요.

민족을 위해 외국에서 일하다

오래 전, 한 랍비가 있었습니다. 그는 하나님께서 유대인들을 전 세계에 퍼지게 하신 이유를 농부가 밭에 씨앗을 뿌린 것과 같다 하였습니다. 바로 새로운 열매를 키우기 위해서라는 것입니다. 하나님께서는 유대 민족이 해외에 퍼져 살며 다른 민족에게 하나님을 알리기를 원하신다고 랍비는 생각했습니다.

하나님의 말씀을 퍼뜨린다고 해서 다른 민족에게 꼭 유대교를 믿게 하라는 것은 아닙니다. 하나님의 말씀을 전 세계에 퍼트리라는 것은, 곧 거밀루트 하사딤, 데레크 에레쯔, 커보트 하브리요트 등 우리가 이 책에서 배운 유대교의 가치들이 세상에 얼마나 중요한 지를 전파하고 가르치라는 뜻입니다. 해외에 사는 유대인들은 이러한 신념을 실제로 전 세계에 퍼트려왔습니다.

디아스포라 유대인으로 살아가면서 동시에 약속의 땅에 살고 있는 유대인들을, 더 나아가 다른 곳에 사는 어려운 유대인들을 도울 기회를 가질 수도 있습니다. 타 지역의 유대인들을 돕는 전통은 성경이 기록된 시대로까지 거슬러 올라갑니다. 바로 요셉의 이야기입니다. 요셉은 이집트에 찾아온 형제들에게 자신을 노예로 팔았던 것에 죄책감을 가지지 말라고 하였습니다. 오히려 요셉은 하나님께서 이 모든 사건들을 이루시고 인도하셔서 심각한 가뭄에도 형제들과 가족들을 도울 수 있도록 하셨다고 형제들을 위로하였습니다.

오늘날에도 디아스포라 유대인들은 다른 나라에 사는 유대인들을 돕고 있습니다. 예를 들어, 소련 유대인들을 걱정하는 미국의 유대인들은 소련 정부를 압박하도록 미국의 정치 지도자들을 설득합니다. 뿐만 아니라 매년 수백만 달러의 기부금을 모아 다양한 프로젝트를 통해 이스라엘을 돕기도 합니다. 우리 민족을 더욱 성장시키기 위해 오늘도 해외의 유대교 지도자들은 이스라엘 국가의 지도자들과 손을 잡고 함께 협력하고 있습니다.

❶ 다시 한 번 생각해봅시다

1. 디아스포라 유대인의 삶이 중요한 이유를 요셉의 이야기에서 찾을 수 있나요? 찾을 수 있다면, 어떤 이야기인가요?
2. 1948년 이스라엘이 건국된 후 다비드 벤구리온은 여전히 디아스포라로 남아있는 유대인들을 비판했습니다. 여러분이 이 문제로 다비드 벤구리온과 토론을 하게 된다면, 그의 비판에 어떻게 대답하겠습니까?

간단한 용어설명

아담(אָדָם)

히브리어로 '흙'이라는 뜻이며, 토라에서는 첫 번째 사람의 이름.

알리야(עֲלִיָה)

히브리어로 '올라감'.

1. 이스라엘에 찾아오는 순례자 혹은 이스라엘로 이주한 이주자.
2. 토라 낭독 순서를 맡게 되는 명예를 뜻함.

'알리야 베이트'는 유대인 난민들을 이스라엘로 몰래 들여오려는 지하운동이었음.

'올림'을 참고할 것.

암 하세이페르(עַם הַסֵפֶר)

'사람', '백성'이라는 히브리어 단어와 '책'이라는 히브리어 단어에서 유래. 즉 '책의 사람들'.

토라를 사랑하는 유대인들에게 아랍인들이 붙인 이름.

베이트 크네세트(בֵית כְנֶסֶת)

'만남의 집'이라는 뜻으로, 회당, 특히 기도하는 장소로서의 회당을 뜻함.

베이트 미드라쉬(בֵית מִדְרָשׁ)

'공부하는 집'이라는 뜻으로, 회당, 특히 가르침의 장소로서의 회당을 뜻함.

데레크 에레쯔(דֶּרֶךְ אֶרֶץ)
히브리어 단어 '길'과 '땅'에서 유래.
옳은 행동이라는 뜻.

에메트(אֱמֶת)
진리, 모든 유대교의 가치 중 가장 중요한 것.

에레쯔 이스라엘(אֶרֶץ יִשְׂרָאֵל)
이스라엘 땅, '시온'이라고도 불림.
'머디나트 이스라엘' 참고.

거밀루트 하사딤(גְּמִילוּת חֲסָדִים)
히브리어 단어인 '보상'과 '자비로움'을 뜻하는 '헤세드'에서 유래.
선행을 하는 것.

카디쉬(קַדִּישׁ)
'거룩하게 함'이라는 뜻으로, 세상을 떠난 사람을 위한 기도를 뜻함.

커보드 하브리요트(כְּבוֹד הַבְּרִיּוֹת)
'존경'이라는 뜻의 '카보드'와 '창조물'이라는 뜻의 브리요트에서 유래.
상대방을 하나님의 창조물로서 존경하는 것.

커랄 이스라엘(כְּלָל יִשְׂרָאֵל)
1. 전 세계의 모든 유대인을 뜻함.
2. 공통된 목표를 위해 유대인들이 힘을 합치는 것.

크네세트(כְּנֶסֶת)
머디나트 이스라엘, 즉 이스라엘 국가의 국회.
'베이트 크네세트' 참고.

콜 니드레이(כָּל נִדְרֵי)

'모두 엎드리다'라는 뜻으로, 대속죄일 저녁 예배 때에 읊는 기도문.

머디나트 이스라엘(מְדִינַת יִשְׂרָאֵל)

1948년 3월 14일 건국된 이스라엘 국가.

미드라쉬(מִדְרָשׁ)

'베이트 미드라쉬' 참고.

민얀(מִנְיָן)

'수를 헤아림'이라는 뜻으로, 공 예배를 위해 필요한 인원의 제한을 뜻함.

미쯔바(복수형은 미쯔보트)(מִצְוֹת, מִצְוָה)

'계명'이라는 뜻.

1. 토라에서 지키도록 명령한 모든 행위
2. 선행

올림(עוֹלִים)

'올라가는 사람'이라는 뜻으로, 이스라엘로 알리야 한 사람을 뜻함.
알리야 참고.

피쿠아흐 네페쉬(פִּקּוּחַ נֶפֶשׁ)

생명을 구하는 의무.
피쿠아흐 네페쉬를 위해 필요할 경우 다른 계명(미쯔바)을 어길 수 있다.

라하마누트(רַחֲמָנוּת)

연민. 타인의 아픔에 공감하는 것, 돕고자 하는 마음.

샬롬(שָׁלוֹם)

1. 평화
2. '안녕'이라는 뜻의 히브리어 인사

샬롬 바이트(שָׁלוֹם בַּיִת)

'가정의 평화'라는 뜻, 가족이 서로 좋은 관계를 유지하는 것.

터푸조트(תְּפוּצוֹת)

'흩어지다'라는 히브리어에서 유래.

이스라엘 밖에 사는 유대인들.

디아스포라.

쩌다카(צְדָקָה)

'정의'라는 뜻의 히브리어에서 유래.

1. 어려운 사람들에게 주는 기부금
2. 기부하는 행위

찌요누트(צִיּוֹנוּת)

히브리어 '시온'에서 유래.

시오니즘.

에레쯔 이스라엘에 독립 국가를 세우려는 정치 운동

야르찌트

이디시어로 '한해'(year time)라는 뜻.

세상을 떠난 사람을 추모하는 추모식.

야르찌트 촛불을 밝혀 죽은 이를 추모하고 회당에서 '카디쉬' 기도문을 외우며, 묘지에 방문하거나 세상을 떠난 사람의 이름으로 '쩌다카'를 하는 전통이 있음.

여루샬라임(יְרוּשָׁלַיִם)

히브리어로 '평화의 도시'라는 뜻.

예루살렘의 히브리어로, 에레쯔 이스라엘에 있는 도시.

다윗이 왕국의 수도로 삼은 후로 유대교의 기도와 소망의 중심이 되었음.

오늘날 머디나트 이스라엘의 수도.

이즈코르(יִזְכּוֹר)

'하나님께서 기억하시리라'라는 뜻으로, 대속죄일, 유월절 마지막 날, 초막절과 오순절
마지막 날 드리는 추모예배.

지카론(זִכָּרוֹן)

히브리어로 '기억하다'라는 뜻.

기억.

기억하는 행위, 또는 추모.

시온(צִיּוֹן)

예루살렘에 위치한 언덕.

시적 표현으로 예루살렘 도시 전체를 뜻하거나 에레쯔 이스라엘 전체를 뜻하기도 함.

'찌오누트' 참고.

히브리어 알파벳 표

수	문자	이름	음역표기	발음
1	א	알레프	'(ㅇ)	음가가 없다. 단어의 중간에 오면서 모음부호를 가지지 않으면 소리가 없으나 모음부호를 가지면 모음부호만 발음하면된다.
2	בּ	베이트	b(ㅂ)	완전한 ㅂ소리(문자가 가슴에 점을 가짐)
	ב		v(∀)	영어에서 v소리 가벼운 ∀(문자가 점을 가지지 않음)
3	גּ	기멜	g(ㄱ)	완전한 ㄱ소리(문자가 점을 가질 때와 가지지 않을 때 발음이 동일하다)
	ג		gh(ㄱ)	완전한 ㄱ소리
4	דּ	달레트	d(ㄷ)	완전한 ㄷ소리(가슴에 점을 가질 때와 가지지 않을 때 발음이 동일하다)
	ד		dh(ㄷ)	완전한 ㄷ소리
5	ה	헤이	h(ㅎ)	ㅎ소리
6	ו	바브	v,w(∀)	베이트가 가슴에 점을 가지지 않은 문자와 같은 소리
7	ז	자인	z(ㅈ)	ㅈ소리
8	ח	ㅎ케이트	ch(ㅎㅋ)	ㅎㅋ이 합쳐진 소리
9	ט	테이트	t(ㅌ)	ㅌ소리
10	י	요드	y(요)	영어의 y와 같은 음가로 한글 표기는 없다.
20	כּ ךּ	카프	k(ㅋ)	가슴에 점을 가지면 ㅋ
	כ ך		kh(ㅋㅎ)	가슴에 점이 없으면 ㅋ과 ㅎ이 합쳐진 소리

30	ל	라메드	l(ㄹ)ㄹ	영어 l과 같은 소리로 한글 음가로는 ㄹ을 두번 발음하면 된다.
40	ם מ	멤	m(ㅁ)	ㅁ소리
50	ן נ	눈	n(ㄴ)	ㄴ소리
60	ס	싸메ㅎㅋ	s(ㅆ)	된 ㅅ소리
70	ע	아인	'(ㅇ)	알레프와 마찬가지로 음가가 없다. 모음부호를 가지면 모음부호만 읽으면 된다.
80	פ	페이	p(p)	가슴에 점을 가지면 ㅍ소리
	פ		ph(f)	가슴에 점을 가지지 않으면 영어에서 f소리
90	צ ץ	츠자디	tz, ts(ㅊㅈ)	한글의 ㅊ과 ㅈ을 합친 소리
100	ק	코프	q(ㅋ)	ㅋ소리
200	ר	뢰이쉬	r(ㄹ)	영어에서 r소리로 한글 표기로는 ㄹ소리
300	ש	쉰	sh(쉬)	영어에서 sh소리로 한글 표기로는 쉬 소리
	שׂ		s(ㅆ)	쉰의 왼쪽위에 점을 가지면 한글의 된 ㅅ소리
400	ת	타브	t(ㅌ)	ㅌ소리
	ת		th(ㅌ)	가슴에 점을 가지나 가지지 않으나 동일하게 ㅌ소리

참고도서

Abrahams, Israel : *Jewish Life in the Middle Ages*, Edward Goldston, London.

Caplan, Samuel and Ribalow, Harold U. : *Great jewish Books*, Horizon Press, Inc.

Cohen, Abraham : *Everyman's Talmud*, E. P. Dutton and Company, Inc.

Cohen, Mortimer. J. : *Pathways through the Bible*, Jewish Publication Society.

Conovitz, Micahel : *Dorothy and David Explore Jewish Life*, Union of American Hebrew Congregations.

Edelman, Lily : *New People in an Old Land*, Thomas Nelson and Sons.

Edidin, Ben. M. *Jewish Customs and Ceremonies*, Hebrew Publishing Company.

Edidin Ben, M. : *Jewish Holidays and Festivals*, Hebrew Publishing Company.

Eisenberg, Azriel : *The Jewish Calendar*, Abelard-Schuman.

Gaer, Joseph and Wolf, Alfred : *Our Jewish Heritage*, Henry Holt and Company.

Gamaron, Mamie G. : *Days and Ways*, Union of American Hebrew Congregations.

Gilbert, Arthur and Tarcov, Oscar : *Your Neighbor Celebrates*, Friendly House Publishers.

Goldin, Hyman E. : *A Treasury of Jewish Holidays*, Twayne Publishers.

Goldin, Hyman E. : *The Code of Jewish Law*, Hebrew Publishing Company.

Grayzel, Solomon : *A History of the Jews*, Jewish Publication Society.

Hertz, Joseph H. : *Pentateuch and Haftorahs*, Soncino Press Ltd., London.

Hertz, Joseph, H : *The Authorized Daily Prayer Book*, Bloch Publishing Company.

Hertz, Joseph, H. : *Pirke Aboth, Sayings of the Fathers*, Behrman House, Inc.

Holisher, Desider : *The Synagogue and Ite People*, Abelard-Schuman.

Kertzer, Morris : *What Is a Jew?* World Publishing Company.

Lehrman, S. M. : *Jewish Customs and Folklore*, Shapiro, Vallentine and Co., London.

Levin, Meyer and Kurzband, Toby : *The Story of the Synagogue*, Behrman House, Inc.

Pessin, Deborah : *History of the Jews in America*, Abelard – Schuman.

Schauss, Hayyim : *The Jewish Festival*, Union of American Hebrew Congregations.

Schauss, Hayyim : *The Lifetime of a Jew*, Union of American Hebrew Congregations.

Srhwartzman, Sylvan, D. : *Once Upon a Lifetime*, Union of American Hebrew Congregations.

Smith, Harold P. : *A Treasure Hunt in Judaism*, Hebrew Publishing Company.

Steinberg, Milton: *Basic Judaism, Harcourt*, Brace and Company.

Sussman, Samuel and Segal, Abraham : *A Guide for Jewish Youth*, Board of Jewish Education, Philadelphia.

Tarcov, Pscar and Tracov, Edyth : *The Illustrated Book of Jewish Knowledge*, Friendly House Publishers.

The Holy Scriptures : Jewish Publication Society.

Zeligs, Dorothy, F. : *The Story of the Jewish Holidays and Customs*, Bloch Publishing Company.

Zeligs, Dorothy, F. : *The Story of Modern Israel*, Bloch Publishing Company.